公共交通機関旅客施設のサインシステムガイドブック
追補（P.24）2007.5.31

平成19（2007）年1月20日に「案内用図記号　追補1」として追加改正されました。
今回、新たに加わったのは、洪水関連情報の所在を明らかにする洪水関連図記号です。

洪水　　堤防　　避難所（建物）

公共交通機関旅客施設の
サインシステムガイドブック

監修：国土交通省総合政策局交通消費者行政課
編集：公共交通機関旅客施設のサインシステムガイドブック編集委員会
発行：交通エコロジー・モビリティ財団

はじめに

　鉄道駅など公共交通機関旅客施設の案内表示をもっとわかりやすいものにして欲しい、との声が国土交通省や地方自治体、交通事業者などに数多く寄せられています。このような声に応え、交通バリアフリー法施行にともなって、国土交通省によって平成13年8月に作成された『公共交通機関旅客施設の移動円滑化整備ガイドライン』において、初めて誘導案内設備に関するガイドラインが記載され、鉄道駅等のサインシステムについて、高齢者、障害者、妊婦、外国人等の移動制約者のほか、すべての人々にとって望ましい整備の考え方が示されました。

　本書は、サインシステムについての参考文献が極めて少ないとの基本認識の下、今後交通事業者等がサインシステムを整備する際のガイドブックとして編集しており、国土交通省の監修のもと、ガイドラインの内容をより詳しく解説するとともに、公共交通機関旅客施設のうち、日常的に利用頻度が高く利用者数が圧倒的に多い鉄道駅における具体的な整備方法を例示しています。

　I部では、先のガイドラインと対比させながら、コードプランニング、グラフィックデザイン、配置計画など、サインシステム整備を進めるうえで基本的なノウハウとなる計画設計の要点を解説しました。II部では、特に乗り継ぎの案内方法や、エレベーター及びトイレの案内方法の例示に重点を置きながら、仮想の高架駅と地下駅の立地・空間条件下におけるサインシステムの配置方法およびグラフィックデザインを例示しました。また、ターミナル駅としては、横浜市において実際に検討された「横浜ターミナル駅における全域共通サインシステム」の例をもとにモデルデザインを作成しました。

　サインシステムによる情報コミュニケーションには、どのような施設であっても人間知覚と表現技術に関する共通のノウハウを必要とします。本書が、誰にとってもわかりやすく使いやすいサインシステム整備の一助となれば幸いです。

平成14年11月

交通エコロジー・モビリティ財団

本書の編集と執筆

[編集]　　公共交通機関旅客施設のサインシステムガイドブック編集委員会

委員長　　秋山哲男　　東京都立大学大学院教授
　　　　　　　　　　　公共交通ターミナルにおける高齢者・障害者等の移動円滑化ガイドライン
　　　　　　　　　　　検討委員会委員長

副委員長　赤瀬達三　　黎デザイン総合計画研究所代表取締役
　　　　　　　　　　　公共交通ターミナルにおける高齢者・障害者等の移動円滑化ガイドライン
　　　　　　　　　　　検討委員会委員

委員　　　川内美彦　　アクセスプロジェクト　アクセスコンサルタント
　　　　　　　　　　　公共交通ターミナルにおける高齢者・障害者等の移動円滑化ガイドライン
　　　　　　　　　　　検討委員会委員

　　　　　太田秀也　　前　国土交通省総合政策局交通消費者行政課課長補佐
　　　　　　　　　　　公共交通ターミナルにおける高齢者・障害者等の移動円滑化ガイドライン
　　　　　　　　　　　検討委員会小委員会委員

　　　　　奈良和美　　国土交通省総合政策局交通消費者行政課
　　　　　　　　　　　交通バリアフリー対策室対策第二係長

　　　　　高田　実　　交通エコロジー・モビリティ財団理事

　　　　　菅井秀彦　　交通エコロジー・モビリティ財団バリアフリー推進部課長代理

[執筆]　　赤瀬達三

[協力]　　株式会社黎デザイン総合計画研究所　　篠原博文　大塚喜也　津田良子

※なお本書のⅡ部第3章の編集にあたって、横浜市都市計画局から資料提供のご協力をいただきました。

目次

I部　サインシステム整備の基本的事項 ── 1

1. サインシステム整備の必要性 ── 3
- 1-1　なぜサインシステムを必要とするのか ── 4
- 1-2　サインシステムとは ── 6
- 1-3　サインシステムの整備課題 ── 10

2. コードプランニングの要点 ── 15
- 2-1　表現コードの基本要素 ── 16
- 2-2　誘導サイン・位置サインのコードプランニング ── 30
- 2-3　案内サインのコードプランニング ── 40

3. グラフィックデザインの要点 ── 53
- 3-1　サイン表示の基本要素 ── 54
- 3-2　誘導サイン・位置サインのグラフィックデザイン ── 62
- 3-3　案内サインのグラフィックデザイン ── 66

4. 配置計画の要点 ── 73
- 4-1　遠くから視認するサインの配置方法 ── 74
- 4-2　近くから視認するサインの配置方法 ── 82
- 4-3　可変式情報表示装置の配置方法 ── 88

II部　サインシステム整備のモデルデザイン ———— 91

1. 高架駅のモデルデザイン ———— 93
 1-1　モデルデザインの前提条件 ———— 94
 1-2　コードプランニング ———— 96
 1-3　動線分析と配置計画 ———— 100
 1-4　サインシステムの掲出姿図 ———— 104
 1-5　アイテム・リスト ———— 114

2. 地下駅のモデルデザイン ———— 117
 2-1　コードプランニング ———— 118
 2-2　動線分析と配置計画 ———— 122
 2-3　サインシステムの掲出姿図 ———— 126
 2-4　アイテム・リスト ———— 134

3. ターミナル駅のモデルデザイン ———— 139
 3-1　モデルデザインの前提条件 ———— 140
 3-2　コードプランニング ———— 142
 3-3　動線分析と配置計画 ———— 144
 3-4　サインシステムの掲出姿図 ———— 146
 3-5　アイテム・リスト ———— 150

Ⅰ部　サインシステム整備の基本的事項

1.
サインシステム整備の必要性

1-1 なぜサインシステムを必要とするのか

1］ 人間行動の特性

　鉄道駅などでサイン（情報表現）が必要となる根本的な理由のひとつは、人間は普遍的に、情報があってはじめて行動できる、という特性を有しているからです。

　人間のほとんどの行動は、ほかのあらゆる生物と同様に、外部から何らかの刺激を受けること、すなわち情報を受容することによって、はじまります。ここでいう情報とは、感覚器官から感覚神経を経て脳などの中枢神経に送られてくる情報、たとえば眼に見えるもの、耳に聞こえるもの、鼻に感じるものなど、五官で知覚される外部からのあらゆる刺激を指しています。脳などにもたらされた情報は、そこで理解されたり判断されたりして指令情報に加工され、筋肉などの運動器官を動かして行動に移されます。このように人間の行動要因を生理学的に見てみると、情報がないと人間は判断ができなくなり、従って行動することもできなくなることがわかります。

　人間の行動は、火を見てとっさに逃げるなどの条件反射的な行動から、文献を熟読して論文を書き進めるなどの精神的な行動まで実に多様ですが、移動したり操作するなど、駅などで一般的に行われる行動も含めて、情報受容をきっかけに、認知・判断・行動するというプロセスを経ていることは、あらゆる行動に共通しています。たとえば通路を移動する場合、一般には床・壁・天井や照明設備などによって構成されている空間のありようを視覚情報として得て、安全性を確かめたり、進路方向を定めて、歩行を進めています。もし突然その通路がどこへ通ずるのか、わからなくなると、当然そこで戸惑うことになります。

2］ 空間そのものが伝える情報の限界

　それでは、サインのない空間自体は、どれほどの情報を伝えられるのでしょうか。

　外国を訪れた時、エンパイアステートビルやノートルダム寺院など世界的に有名な建築であっても、どれがそれなのか、なかなかわからない、ということをよく経験します。また日常的にも、不慣れな建物の中で、トイレや出口がどこにあるのかわからない、と戸惑うのは誰でも経験するところです。そのようなことが起きるのは、建築的な表現だけでは、外観においてもインテリアにおいても、明瞭な意味を利用者に伝達することはできない、という理由によっています。

　一般的に、人間が受容する情報は、"意味"の情報と、"イメージ"の情報という二つの成分に分析することができます。意味とは、ものの名前や事象・空間を説明する概念など、言語に置きかえられる情報領域のもので、普通「わかる」とか「わからない」などと認識されています。イメージとは、印象や感覚、気分、情緒など、ひとつのことばで的確に表しにくい情報領域のもので、普通「感じる」とか「感じない」などと知覚されています。

　建築表現が伝えるものの多くは、実は後者の"イメージ"のほうで、"意味"について多くを伝えることはできません。たとえば予備知識なく東京都庁をはじめて見る人は、その威容には圧倒されますが、何の施設であるのかわかりません。わかるのは、どうもアパートではないらしい、きっと大きな組織のオフィスビルだろう、程度のことです。鉄道駅のサインのない通路では、明るい／暗いとか、

気持ちよい/よくないとかは感じますが、どこに通ずる通路なのかなどは、学習しなければわかりません。

　このように、建築的な表現が伝達できる情報はイメージに偏っていて、その場の体験の少ない人にとっては、意味情報を別に示されなければ、名称や用途、利用方法など、空間の意味はわからない、ということが、鉄道駅などでサインを必要とする第二の根本的な理由です。（建築家たちによる多様なイメージ表現は、この議論とは別に、利用者の心理的側面、すなわち人間行動の"動機"と密接な係わりを持っているという意味で、また創作者の精神的文化的価値の表現という意味で、極めて重要であることは言うまでもありません。）

3］ 多量の情報を必要とする鉄道利用

　鉄道駅で利用者がとる行動には、たとえば出入口からホームまでの間を移り動くなどの「移動」、乗車券を買ったり改札機を通り抜けるなどの「操作」、車両に乗ったり小用を足すなどの「行為」といった種別があります。この際、どのような行動をとるにしても、実に多くの情報が必要になります。

　まず移動をするには、最小限でも「現在位置」「目的施設位置」「それに至る経路」を知る必要があります。今ここはどこで、行きたい場所はどこにあり、そこに行き着くにはどんな経路をとればよいか、ということです。ターミナル駅などでは、長い移動の過程で、目的施設は次々に変化していきます。できればさらに、最短コースはどれか、などを知りたくなります。

　次に操作をするには、「操作条件」と「操作方法」を知る必要があります。たとえば券売機を扱うには、目的地までの金額はいくらか、どこにコインを投入すればよいか、などを知る必要があります。さらに最近の多機能型では、金額ボタンを押す前に、券売機に備えられている数種類の機能のうち、自分に必要な機能をどのように選択して設定すればよいか、などを知らないとスムーズな操作はできません。

　また行為をするには、「それができる場所や時間」、「その他の使用条件」などを知る必要があります。たとえば乗車に当たって発車ホームはどこか、いつ発車するのか、あるいはトイレを利用するのにお金はかかるのか否か、などを知らないとスムーズな行為はできません。さらに、降車するのに適したドア位置を予め知ることができれば、もっと便利だ、などの要望も出てきます。

　このように、極めて数多くの情報を知らなければ施設をうまく利用できないことが、鉄道駅などでサインを必要とする第三の根本的な理由です。これら数多くの情報を、建築的な表現や操作機器のデザインだけで伝えることは不可能です。

　以上みてきたように、鉄道駅など、今日の都市施設が一般の利用に供されるためには、サインシステム（体系的な情報表現）の整備が必要不可欠であることは明らかです。

1-2　サインシステムとは

1］サイン

　私たちは日常的に、書類などにしるした署名のことを"サイン"と呼んでいます。また野球などの味方同士で交わす手振りなども"サイン"と呼びます。新聞記事には、外国のある政府要人はこのような言動でそれを受諾する"サイン"を送っている、などの記述が見られます。あるいは最近では、電車のドアを閉める合図の電子音を"サイン音"とアナウンスする鉄道会社もあります。このようにサインということばは、今日では社会生活のいたるところで用いられています。

　正確には、"しるし"や"符号""合図"など、人々が直観的に意味内容を理解できる情報源のことをサイン（sign）といいます。つまり本来、サインとは"情報源"というソフトを指していて、ハードなモノを指すことばではありません。またサインと呼ぶ以上、情報の受け手が見たり聞いたりして"すぐにその意味をわかるもの"でなければなりません。この原義からみると、表現手段には特に制約はなく、コミュニケーションが成立しさえすれば、文字や記号、かたち、色彩、質感、光、音、香り、触感など、人間を取り巻く有形無形のあらゆる要素が、人間にサインとして作用する可能性を持っているということができます。

2］サインシステム

　今日建築設計や環境デザインの分野で、多人数が集散する施設等に設置される、表示によるコミュニケーション・メディアを、サインと呼ぶ場合が増えています。これらはいずれも、利用者の直観的な理解に重点を置いたデザイン開発が行われていて、従来の専ら施設管理的な意図から掲出されていた掲示物とは、区別して認識されています。

　このガイドブックでは、利用者の直観的な理解を目的に、誘導案内に関する情報など、利用者が施設を使用するのに必要な情報を提供する表示類を、サインと呼称しています（サインの集合名詞はサイン類signageと表します）。

　特定の施設内で、利用者に対して、サイン類によって統一的かつ連続的な誘導体系を形成したり、相互に補完させて系統的かつ全体的な案内体系を形成する場合、それらのサインの総体をサインシステム（sign system）といいます。

　ある施設内に設置される種々のサインがシステム化されている（つまり情報内容や表示方法などに相関関係が与えられている）ことで、空間内に固定的に表示したサイン類でも、移動する利用者の誘導案内を可能にすることができます。

　国土交通省による『公共交通機関旅客施設の移動円滑化整備ガイドライン』（平成13年8月　交通エコロジー・モビリティ財団発行）では、サイン類を動線に沿って適所に配置して、移動する利用者への情報提供を行う誘導案内のための視覚表示設備を、サインシステムと呼称しました。このガイドブックでも、同じ意味にこの語を用いています。

3] サインの機能種別

サインの機能種別について、ガイドラインでは以下のように示されています。

■サインの種別
○サインは、誘導・位置・案内・規制の4種のサイン類を動線に沿って適所に配置して、移動する利用者への情報提供を行う。
・誘導サイン類：施設等の方向を指示するのに必要なサイン
・位置サイン類：施設等の位置を告知するのに必要なサイン
・案内サイン類：乗降条件や位置関係等を案内するのに必要なサイン
・規制サイン類：利用者の行動を規制するのに必要なサイン

鉄道駅の誘導サイン類には、改札入口誘導標、のりば誘導標、改札出口誘導標、駅出口誘導標などがあって、一般に、簡潔な施設名に矢印を併記して、各施設の方向を指し示します。また位置サイン類には、駅入口駅名標、改札入口位置標、のりば位置標、ホーム駅名標などがあって、一般に、簡潔な施設名やピクトグラムを用いて、各施設の位置を告知します。

鉄道駅の案内サイン類には、運賃表、時刻表、構内案内図、駅周辺案内図などがあって、一般に、簡潔な表現に工夫された図表類を用いて、鉄道の乗降条件や構内・駅周辺にある諸施設等の位置関係を図解します。また規制サイン類には、危険品持込禁止標、特定行為禁止標、立入禁止標などがあって、一般に、ピクトグラムを用いて、利用者の行動を規制します。

有用なサインシステムを構成するには、これら4種のサイン類を効果的に配置して、利用者が移動しながらすぐに情報を得られるように工夫する必要があります。

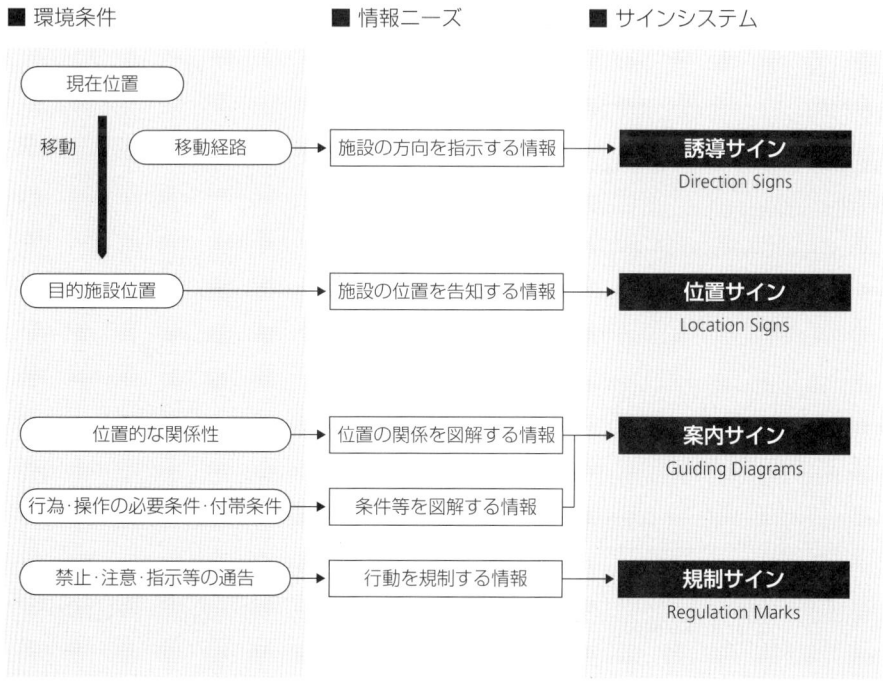

4] 器具様式と設置形式の種類

1 器具様式の種類

サインシステムに用いる器具様式には、一般に以下のような種類があります。

表示方式による種類	仕様の違い
固定式サイン	固定的な情報を表示している方式のサイン器具 表示面・筐体・取付金具・電装品・電源線から成る内照式が多い
可変式サイン	機械式または電子式などのデバイスを用いて、情報を随時入れ替えることができる方式のサイン器具　可変式情報表示装置ともいう
点滅式サイン	筐体内にある光源を点滅させて、表示されている図形を読めるようにしたり（点灯時）読めなくする（消灯時）方式のサイン器具
直接描写方式	サイン器具を用意せずに、壁や柱などに直接情報を描いて表示する方式のサイン 大きく描く場合スーパーグラフィックともいう

照明方式による種類	仕様の違い
内照式サイン	照明器具を筐体内に組み込んで、透過光により表示面を内側から照射するサイン器具
外照式サイン	照明器具を筐体の外部に取り付けて、反射光により表示面を外側から照射するサイン器具
無灯式サイン	照明器具を装備せず、自然光や室内灯などの反射光により表示面を外側から照射するサイン器具　工作仕様からパネル式サインともいう

■ 内照式サイン器具の例

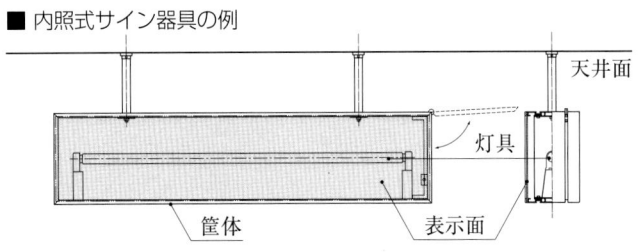

■ 外照式サイン器具の例

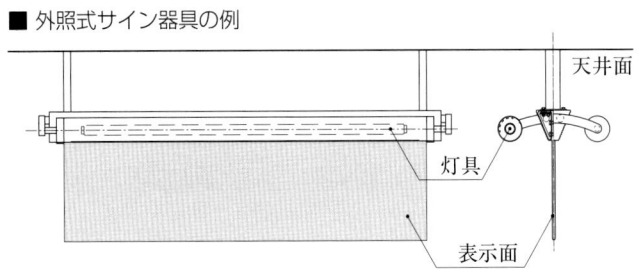

■ パネル式サイン器具の例

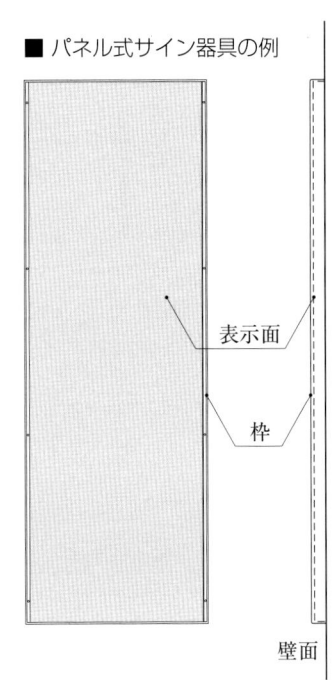

2 設置形式の種類

サインシステムに用いる設置形式には、一般に以下のような種類があります。

設置形式の種類	仕様の違い
吊り下げ型	天井や梁などから吊り下げる形式 天井直付け型・パイプペンダント型などに区分する方法もある
突き出し型	壁や柱などから広間・通路方向に突き出して設置する形式
壁付け型	壁や柱に平付ける形式 壁埋め込み型・半埋め込み型・外付け型などに区分する方法もある
ボーダー型	開口上部や垂れ壁に、横に長く吊り下げる又は平付ける形式
自立型	床面や舗床面にアンカーを打って自立させる形式
可搬型	器具に脚部を設けて自立させ、必要時に持ち出して使用する形式 仮設サインの掲出に多く使われる

■ 設置形式の一般例

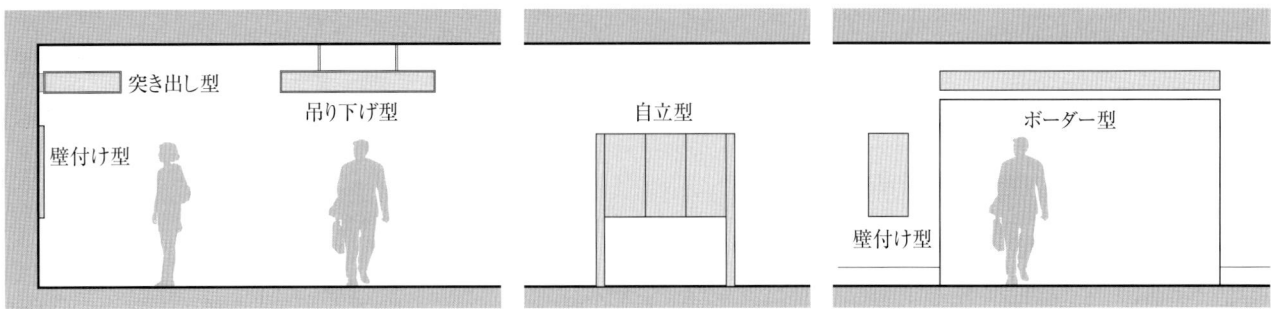

5］可変式情報表示装置の位置付け

　可変式情報表示装置とは、フラップなどを用いた機械式やLEDなどを用いた電子式の表示方式によって、視覚情報を可変的に表示できる装置のことをいいます。鉄道駅では、移動円滑化基準が設置を義務付けている運行情報提供設備に、この装置を用いるのが一般的です。この装置について、多くの鉄道事業者はサインシステムと区別して管理していますが、他のサイン類との情報提供上の関係整理が重要なため、このガイドブックでは案内サインの一種に位置付けて解説しています。

1-3 サインシステムの整備課題

1] サインの持つ属性

サインはコミュニケーション・メディアの一種なので、必ずメッセージとしての「情報内容」と、表し方のかたちである「表現様式」を持っています。また施設の中に掲出されるため、「空間上の位置」という属性も有しています。

情報内容は、ことばを中心に、数字、図記号、図形、色彩などの表現コード（情報を表現する記号の体系）によって成り立っています。また表現様式は、表示方式や照明方式などのモード（方法のかたち）と、形状・レイアウト・仕上げなどのスタイル（外観のかたち）によって成り立っています。そして空間上の位置は、掲出高さと表示面の向きによるロケーション（設置位置）と、平面上に繰り返し間隔をもって位置するポジション（配置位置）によって成り立っています。

どのような施設においても、サインシステムを整備する最も基本的な目的は、利用者に対して見やすく、またわかりやすい情報を提供することにあります。サインシステムをその目的に沿って実際に役立つものとするために、この「情報内容」「表現様式」「空間上の位置」という三つの属性を、いずれも欠くことのできない整備課題として認識する必要があります。

2] サインシステム整備における検討課題

サインシステムの整備に際して、個々のサインの「情報内容」を確定するために、それぞれにどのような情報を選択し、またどのような表現コードを用いるか、という課題が生じます。これが「表示情報の整理と表現コードの設定」という検討課題です。表現コードの設定の代表的なものが言語による「用語」の設定で、そのほか、どのような図記号を用いるのか、どのような色彩コードを用いるのかなどの検討が必要になります。（この「表示情報の整理と表現コードの設定」の検討過程を、専門的には"コードプランニング"と呼びます。）

また「表現様式」を確定するために、どのようなモードを選択し、どのようなスタイルを与えたらよいか、という課題が生じます。これが「器具と表示面のデザイン」という検討課題です。モードは、先に述べた器具の表示方式や照明方式によって決定されます。また器具のスタイルは、外形形状や仕上げ仕様などによって決定され、表示面のスタイルは、表現コードの表現形状や表示の大きさ、そのレイアウト方法、色彩コードと背景色の対比関係などによって決定されます。この「器具と表示面のデザイン」の検討過程では、上記に関連する事項を詳細に検討する必要があります。（専門的には、器具にかかわる検討過程を"プロダクトデザイン"、表示面にかかわる検討過程を"グラフィックデザイン"と呼びます。）

「空間上の位置」を確定するために、個々のサインの掲出にあたってどのようなロケーションやポジションを選択すべきか、という課題が生じます。これが「配置計画」という検討課題です。サインの基本的なロケーションは、吊り下げ型、壁付け型などの設置形式によって左右されます。またサインの基本的なポジションは、どの位置でどのような情報ニーズが発生するか、また同じ情報をどの程度繰り返して配置すべきか、という平面上の配置位置と配置間隔の判断によって決定付けら

れます。この「配置計画」の検討過程では、利用者の動線分析に基づいて、上記に関連する事項を詳細に検討する必要があります。(専門的には、この過程を"プロットプランニング"と呼びます。)

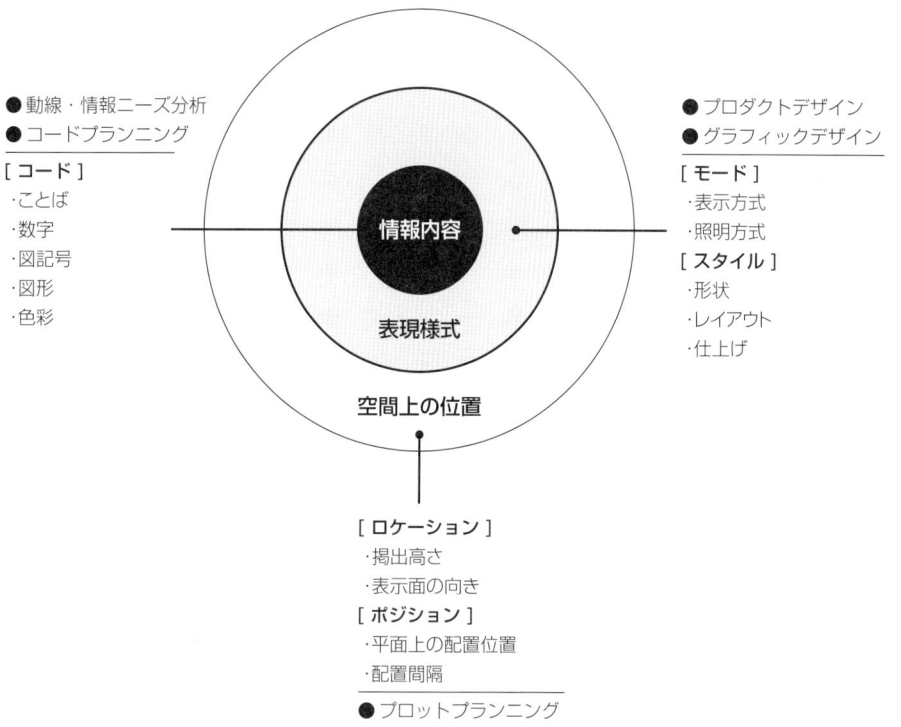

3] サインシステム計画の進め方

サインシステム計画は、一般に次の手順で行います。

- 第1ステップ ＝ 利用者動線分析・情報ニーズ分析
- 第2ステップ ＝ コードプランニング
- 第3ステップ ＝ 配置計画
- 第4ステップ ＝ プロダクトデザインとグラフィックデザイン

まず必要なのは、当該駅の利用者動線を分析することです。これによって利用者の流動の実態と場所ごとの情報ニーズをつかみます。次にサインの機能種別ごとに個別のサイン種類を想定しながらコードプランニングを行います。これによって個々のサインに表示する情報内容を整理して表現コードを導き出します。第3ステップが配置計画です。この配置計画では、平面図と展開図を用いて平面・立面の双方からサインを掲出する位置を検討します。この後個々のサインについて第4ステップの具体的なプロダクトデザインとグラフィックデザインを行い、通常は何度か第2から第4のステップを繰り返して、簡潔明瞭なサインシステムへ練り上げていく検討を行います。

4] サインシステムの表現原則

　サインシステム計画は、誰にとっても、とりわけ高齢者や障害者、あるいは外国人など、情報コミュニケーション制約を有する人々にとって、見やすくわかりやすいものとなるように検討されなければなりません。そのためにどうしても守らなければならない表現上の原則があります。

　まず単純性、つまり情報をできるだけシンプルに表現すること、これがわかりやすさの基本です。二つめに明瞭性、つまりはっきり見える・はっきり読めるようにすること、そのためには、計画者は人間の知覚特性と表現技術の双方を正確に知っていなければなりません。三つめに連続性、つまり情報を繰り返し表示して人の動きに対応させること、人間は忘れやすく不安になりがちなので、人がスムーズに移動できるためにこの原則が必要です。四つめに統一性、つまり同じ様式で表現すること、同じ様式であることで人は迷わず直観的に理解することができます。五つめにシステム性、つまり域内の適所に点在したサインの総和によって全体的な誘導案内システムを成立させること、そのためには、計画者は動線の種類と動線毎に発生する情報ニーズを的確に想定できなければなりません。すなわち「単純性」「明瞭性」「連続性」「統一性」「システム性」の五つが、情報表現を設定するときに、考慮しなければならない基本的な原則です。

　なおわが国の鉄道駅では、利用者からのクレームに応えたものと思われる現場管理職員による貼り紙掲示を数多く見かけます。このような臨時的な手段は、情報掲出の統一性も連続性も保持できないため、都市基盤としての交通を情報の面から支えるシステムには成り得ません。真に利用者のニーズに応えるには、常に総合的な観点からの確認と検討が必要です。

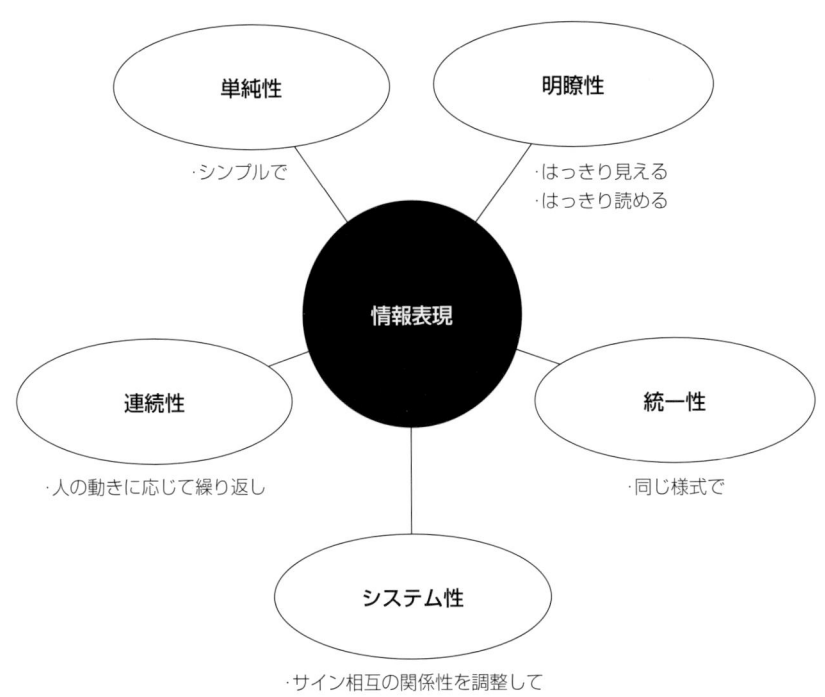

5］様式設定の基本的な留意事項

サイン器具の様式について、ガイドラインでは次のように示されています。

> ■表示方法の基本的事項
> ◇サインには、必要な輝度が得られる器具とすることがなお望ましい。さらに、近くから視認するサインは、まぶしさを感じにくい器具とすることがなお望ましい。
> ■器具のデザイン
> ◇誘導サイン類及び位置サイン類はシンプルなデザインとし、サイン種類ごとに統一的なデザインとすることがなお望ましい。
> ◇案内サイン類はシンプルなデザインとし、サイン種類ごとに統一的なデザインとすることがなお望ましい。
> ■可変式情報表示装置の表示方式
> ◇表示方式は、文字等が均等な明るさに鮮明に見える輝度を確保し、図と地の明度の差を大きくすること等により容易に識別できるものとすることがなお望ましい。

サインの見やすさを保つためには、表示面輝度を一定に確保する必要があります。

屋内に設置するサインの表示面は、その輝度が1000cd/㎡位までは、明るくなるほど文字等が読みやすくなります。しかしそれを超えるとまぶしくて逆に読みづらくなります。特に高齢者は、瞳の濁りによってグレア（眼球内で光が散乱し見えにくくなる現象）が生じやすくなっています。

一般的には、内照式サインは、遠くから見る場合でも必要な輝度を確保しやすい長所がありますが、近くから見るとまぶしさを感じやすい短所があります。外照式サインは、まぶしさを感じにくい長所がありますが、遠くから見るのに必要な輝度を確保するには内照式の場合より灯具を増やすなどの対策が必要になります。無灯式サインは、採光がある場合は必要な輝度を得ることに問題は起きませんが、自然光がないときは一般照明に頼るので輝度不足になりやすい傾向があります。これらの器具様式の特性を踏まえて、サイン種類ごとに適切な器具様式を設定する必要があります。

2.
コードプランニングの要点

2-1 表現コードの基本要素

1］表示言語とローマ字のつづり方

1 言語の使い方

表現コードのうち最も基本的な「言語」の使い方について、ガイドラインでは次のように示されています。

> ■ 表示方法の基本的事項
> ○出入口名、改札口名、行先、旅客施設名など主要な用語には、英語を併記する。
> ◇地域ごとの来訪者事情により、日本語、英語以外の言語を併記することがなお望ましい。
> ○英語を併記する場合、英訳できない固有名詞にはヘボン式ローマ字つづりを使用する。
> ◇固有名詞のみによる英文表示には、ローマ字つづりの後に～Bridgeや～Riverなど、意味が伝わる英語を補足することがなお望ましい。

2 ローマ字のつづり方

ローマ字のつづり方について、ガイドラインの参考では次のように示されています。

■ 参考：ヘボン式ローマ字つづり

・ヘボン式ローマ字のつづり方は下表のとおりである。
・備考は昭和29年12月9日付内閣告示第1号の「ローマ字のつづり方、そえがき」及び新村出編『広辞苑第四版』1991の「ローマ字のつづり方、ヘボン式の備考」による。
・備考2. 4. の符標は、明治18年に羅馬字会（日本の有識者による書き方取調委員会）が発行した『羅馬字にて日本語の書き方』及び昭和21年4月1日付運輸省達第176号の「鉄道掲示規程、修正ヘボン式によるローマ字のつづり方」を参照した。
・なお今日いうヘボン式は、慶応3年にヘボンの提唱したつづり方が先の羅馬字会の提言によって修正されたことから、明治後期から修正ヘボン式と呼ばれ（小泉保『日本語の正書法』1978）、戦後になって標準式あるいは単にヘボン式と呼ばれるようになった経緯がある。

日本語音					ヘボン式ローマ字つづり				
あ	い	う	え	お	a	i	u	e	o
か	き	く	け	こ	ka	ki	ku	ke	ko
さ	し	す	せ	そ	sa	shi	su	se	so
た	ち	つ	て	と	ta	chi	tsu	te	to
な	に	ぬ	ね	の	na	ni	nu	ne	no
は	ひ	ふ	へ	ほ	ha	hi	fu	he	ho
ま	み	む	め	も	ma	mi	mu	me	mo
や	-	ゆ	-	よ	ya	-	yu	-	yo
ら	り	る	れ	ろ	ra	ri	ru	re	ro
わ	-	-	-	-	wa	-	-	-	-
ん					n				

日本語音					ヘボン式ローマ字つづり				
が	ぎ	ぐ	げ	ご	ga	gi	gu	ge	go
ざ	じ	ず	ぜ	ぞ	za	ji	zu	ze	zo
だ	ぢ	づ	で	ど	da	ji	zu	de	do
ば	び	ぶ	べ	ぼ	ba	bi	bu	be	bo
ぱ	ぴ	ぷ	ぺ	ぽ	pa	pi	pu	pe	po
きゃ		きゅ		きょ	kya		kyu		kyo
しゃ		しゅ		しょ	sha		shu		sho
ちゃ		ちゅ		ちょ	cha		chu		cho
にゃ		にゅ		にょ	nya		nyu		nyo
ひゃ		ひゅ		ひょ	hya		hyu		hyo
みゃ		みゅ		みょ	mya		myu		myo
りゃ		りゅ		りょ	rya		ryu		ryo
ぎゃ		ぎゅ		ぎょ	gya		gyu		gyo
じゃ		じゅ		じょ	ja		ju		jo
ぢゃ		ぢゅ		ぢょ	ja		ju		jo
びゃ		びゅ		びょ	bya		byu		byo
ぴゃ		ぴゅ		ぴょ	pya		pyu		pyo

備考 1. はねる音「ン」はnであらわすが、ただしm、b、pの前ではmを用いる。
2. はねる音を表わすnと次にくる母音字またはyとを切り離す必要がある場合には、nの次に「-」(ハイフン)を入れる。
3. つまる音は、次にくる最初の子音字を重ねてあらわすが、ただし次にchがつづく場合にはcを重ねずにtを用いる。
4. 長音は母音字の上に「￣」(長音符標)をつけて表わす。なお、大文字の場合は母音字を並べてもよい。
5. 特殊音の書き表わし方は自由とする。
6. 文の書きはじめ、および固有名詞は語頭を大文字で書く。なお、固有名詞以外の名詞の語頭を大文字で書いてもよい。

3 備考に基づくつづり方の例

ヘボン式ローマ字つづりの備考に基づいたつづり方を以下に例示します。

銀座 Ginza　　新大阪 Shin-ōsaka　　札幌 Sapporo　　東京 Tōkyō
新橋 Shimbashi　新横浜 Shin-yokohama　八丁堀 Hatchōbori　有楽町 Yūrakuchō

4 外国語表示の留意点

1. ガイドラインでは、主要な用語には英語を併記するとしています。全国的に国際的な往来が盛んになった今日では、原則として鉄道駅のすべての日本語の表示に、国際語として最も一般化している英語を併記する、と考えるのが適切です。

2. 鉄道駅のサインシステムで用いる日本語は、a)「のりば」「出口」「お手洗」などのように普通名詞によることば、b)「山手線」「大手町駅」「霞が関ビル」などのように固有名詞と普通名詞に分解できることば、c)「隅田川」「後楽園」「青山通り」などのように元はb.のように命名されたが長年言い古されて全体が固有名詞化していることば、などがあります。日本語の英訳にあたって、上記の固有名詞部分にはローマ字つづりを用いて、普通名詞部分は英語で表示するのが原則です。

3. 外国語表示は、その言語を用いる人にとって"意味"を理解できるように表示することが重要です。このような考えから、ガイドラインには、固有名詞のみによる英文表示には、意味が伝わる英語を補足することが望ましい、と述べています。

4. 同様な考えから、施設管理者が普通名詞を固有名詞的用法に用いる場合、たとえば駅名を「〜大学」とする場合、その英文表示は「〜Daigaku」とローマ字でつづるより「〜University」と英語で示すほうがより多くの人たちが理解できる、と判断すべきでしょう。

5. 最近、公共的な施設等で韓国語（ハングル）を表示する例が増えています。その際、ハングルは母音と子音を組み合わせた日本語の発音とは異なる表音文字なので、日本語の固有名詞をハングルで表現しても、読む人に"意味"は当然伝わらず、"音"も正確には理解できない（日本語音をハングルでつづる、ローマ字のような統一的な表現ルールはまだない）、ことに注意が必要です。従って、固有名詞をハングルつづりにするのは必要最小限な名称に限って、一般的には、普通名詞をハングル訳するほうが現実的と思われます。

2］用語
■1 駅施設等の用語

　鉄道駅のサインシステムに用いる駅施設等の主な用語は以下のとおりです。なおここでは、誘導サインや位置サインに表示する必要性が低いものであっても、サインシステムのいずれかに表示される可能性のある用語は記載しています。

情報内容		日本語	英 語
施設の総称	鉄道名（会社単位）	～鉄道 又は～線	～Rail 又は～Line
	地下鉄道	地下鉄	Subway
	路線名（運転区間単位）	～線	～Line（省略形はL.）
	駅名	～駅	～Station（省略形はSta.）
鉄道駅の空間部位	駅入口	入口	Entrance
	駅出口	出口	Exit
	改札入口	改札口	Gates
	改札出口	改札口	Gates
	乗り換え専用改札口	～線のりかえ口	Transfer to ～Line
	乗降場	のりば	Track(s)
		① ～方面　「①」は番線番号を示す	① for～
	階段	階段	Stairs
	傾斜路	スロープ	Slopes
移動円滑化設備	昇降機	エレベーター	Elevator
		エスカレーター	Escalator
	便所	お手洗	Toilets
		男子用	Men
		女子用	Women
		男女共用	Men / Women
		障害者使用可	Accessible
	乗車券等販売所	きっぷうりば	Tickets
		指定券うりば	Reserved Tickets
		定期券うりば	Season Tickets
		きっぷうりば・予約受付	Ticket Counter
	精算所	精算所	Fare Adjustment

情報提供設備	案内所	案内所	Question & Answer
		旅行案内所	Tourist Information
		観光案内所	Tourist Information
	情報掲出箇所	情報コーナー	Information
アクセス交通施設	バス乗降場	バス停留所	Bus Stop
		バスのりば	Bus Boarding Area
		バスターミナル	Bus Terminal
	タクシー乗り場	タクシーのりば	Taxi Stop
	レンタカー営業所	レンタカー受付	Rent-a-car
	駐車場	駐車場	Parking
救護救援設備	救護所	救護所	First Aid
	忘れ物取扱所	お忘れもの取扱所	Lost & Found
	警察官派出所	交番	Police Box
	鉄道警察隊	鉄道警察	Railway Police
旅客利便設備	旅行代理店	旅行センター	Travel Service
	待合室	待合室	Waiting Room
	両替所	両替所	Money Exchange
	郵便局	郵便局	Post Office
	手荷物一時預かり所	手荷物一時預かり所	Baggage Storage
	コインロッカー	コインロッカー	Coin Lockers
	公衆電話	電話	Telephones
	食堂	レストラン	Restaurant
	喫茶・軽食	コーヒーショップ	Coffee Shop
	バー	バー	Bar
	売店	売店	Kiosk
施設管理設備	事務室	駅事務室	Station Office

2 駅施設用語設定の留意点

1. 鉄道会社名又は会社単位の路線の総称は、JR又はJR線、東急又は東急線など、利用者から日常的に言い習わされている範囲内で、できるだけ簡潔な表現とします。新規鉄道の場合、できるだけ短い鉄道名を用いることが、利用者に覚えられやすい重要なポイントの一つになります。

2. 駅出入口と改札口の名称について、駅入口も改札入口も「入口」とし、また改札出口も駅出口も「出口」としているため、その用語がどの空間部位を示しているのか判然としない事例が多く存在します。また駅の規模が大きく駅出入口と改札口が離れている場合、駅構内にある改札入口を「Entrance」と表示するのは誤りです。

   ここでは、サインシステムにおいて空間部位を明確化するために、駅出入口名称に「入口 Entrance」と「出口 Exit」を、また改札口名称に「改札口 Gates」を用いることを強く推奨します。

3. 駅出入口が1箇所の場合、あるいは改札口が1箇所の場合、上記のとおり表示します。

4. 高架駅や橋上駅など、駅出入口が複数あるが少ない場合、出入口名称は「北口 North Entrance / North Exit」や「南口 South Entrance / South Exit」、「八重洲口 Yaesu Entrance / Yaesu Exit」や「丸の内口 Marunouchi Entrance / Marunouchi Exit」など、方位や多くの人が知る歴史的な地名による固有名称を定めます。

5. 地下駅など駅出入口数の多い駅の出入口の名称は、番号で整理したほうがわかりやすくなります。

6. 改札口も複数ある場合、駅出入口と混乱しないように注意して、各々に固有名称を定める必要があります。

7. 乗降場の名称は、番線番号と列車の行き先方面で示すと、直接的な表現になります。「～方面」にわざわざ「のりば」を書き添えることは、一般的には不要です。

8. 鉄道駅構内には、「みどりの窓口」や「びゅう」など、鉄道会社ごとに愛称を工夫した営業施設が配置されています。これらの表示にあたって、例えば「きっぷうりば・予約受付 Ticket Counter」「旅行センター Travel Service」など、具体的なサービス内容を示すと、より多くの利用者にとって何の施設なのかわかりやすくなります。

9. 案内所について、国際的な事例に照らすと、列車情報や鉄道以外の交通情報、宿泊情報など、外国人も含めた旅行者が必要とする情報を人的に提供できる施設が「旅行案内所 Tourist Information」です。このうち特にその駅の周辺にある有名地や観光地などの交通・宿泊等の情報を提供する施設を、わが国では一般に「観光案内所」と呼んでいます。構内施設の案内を行ったり、困ったことの相談に応えるサービスは「案内所 Question & Answer」と表示します。

3] ピクトグラム

1 全国統一ピクトグラム

ピクトグラムについては、ガイドラインで以下のように示されています。

■ 表示方法の基本的事項
○ピクトグラムは、一般案内用図記号検討委員会が策定した別表 2-2の標準案内用図記号を活用する。

■ 別表 2-2　標準案内用図記号　　（※印は、既存の図記号を標準案内用に一般案内用図記号検討委員会が採択したものである。それ以外は同委員会がオリジナルに制作した。）

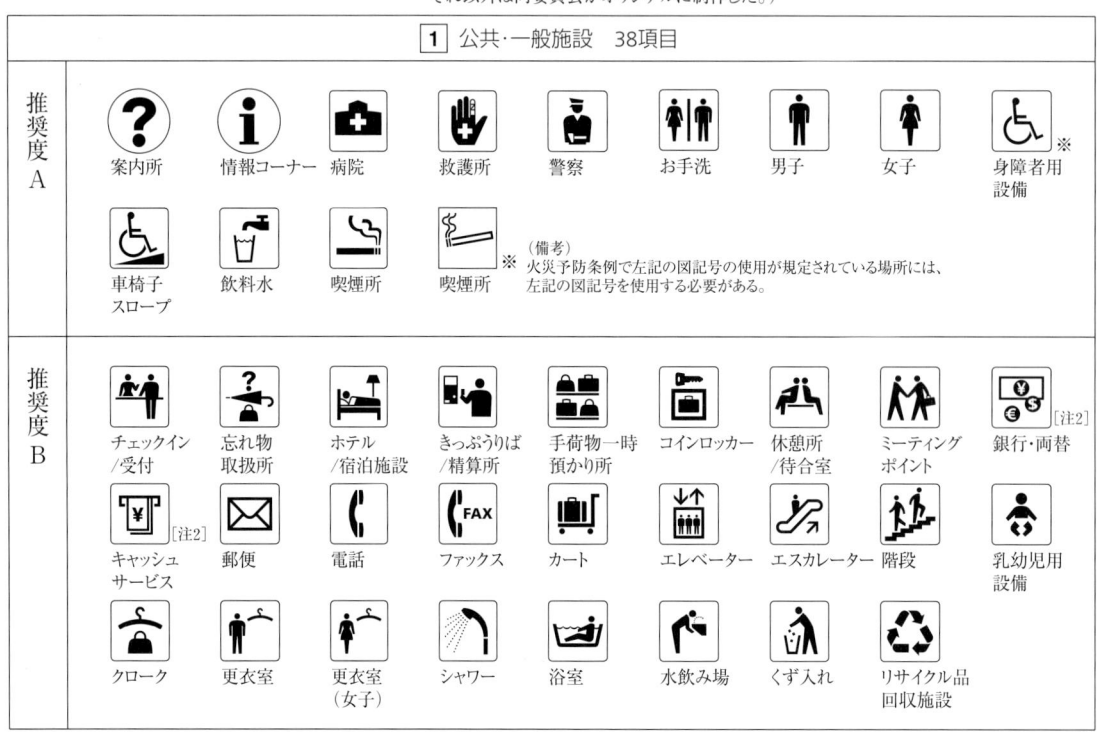

| 推奨度C | 店舗/売店 | 新聞・雑誌 | 薬局 | 理容/美容 | 手荷物託配 |

4 観光・文化・スポーツ施設　17項目

| 推奨度B | 展望地/景勝地 | 陸上競技場 | サッカー競技場 | 野球場 | テニスコート | 海水浴場/プール | スキー場 | キャンプ場 | 温泉 |

| 推奨度C | 公園 | 博物館/美術館 | 歴史的建造物 | 応用例1 | 応用例2 |

| 参考 | 自然保護※ | スポーツ活動※ | スカッシュコート※ | Tバーリフト※ |  腰掛け式リフト※ |

5 安全　5項目

| 推奨度A | 消火器 | 非常電話 | 非常ボタン | 非常口※ | 広域避難場所※ |

6 禁止　20項目

| 推奨度A | 一般禁止※ | 禁煙 | 禁煙※ | （備考）火災予防条例で左記の図記号の使用が規定されている場所には、左記の図記号を使用する必要がある。 |  火気厳禁※ | 進入禁止 | 駐車禁止 | 自転車乗り入れ禁止 |
| 推奨度A | 立入禁止 | 走るな/かけ込み禁止 | さわるな | 捨てるな | 飲めない | 携帯電話使用禁止 | 電子機器使用禁止[注1] | 撮影禁止 | フラッシュ撮影禁止 |

| 推奨度B |  ベビーカー使用禁止[注1] | 遊泳禁止 | キャンプ禁止 |

| 推奨度C | 飲食禁止 | ペット持ち込み禁止 |

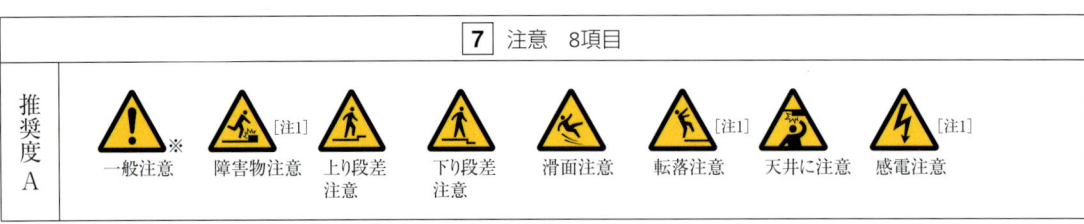

使用上の注意

1) 本ガイドラインでは、図記号の使用について次の推奨度区分を定めています。使用にあたっては、これを遵守してください。
- 推奨度A：安全性及び緊急性に関わるもの、多数のユーザーにとって重要なもの及び移動制約者へのサービスに関わるものです。これらについては、図形を変更しないで用いることを強く要請します。
- 推奨度B：多数の利用者が通常の行動や操作をする上で、図記号の概念及び図形を統一することによって利便性が高まると期待されるものです。これらについては、図形を変更しないで用いることを推奨します。
- 推奨度C：多数の利用者が通常の行動や操作をする上で、図記号の概念を統一することが必要なものです。これらについては、基本的な概念を変えない範囲で適宜図形を変更して用いることができます。
2) ［注1］の表記がある図記号は、文字による補助表示が必要です。図記号単独での使用は避けてください。その際の文字表示は、各図記号に併記してある名称を参考にしてください。
3) ［注2］の表記がある図記号は、図記号中の通貨記号を必要に応じて他の通貨記号に変更することができます。
4) 本ガイドラインの図記号は、視距離1mで表示する場合の最小寸法を35mm角、手にとって見ることのできる地図類に用いる場合の最小寸法を8mm角とする条件で設計されています。これより小さくして使用することは避けてください。
5) 本ガイドラインの図記号は、正方形・円形・三角形が同じ大きさに見えるように、寸法を調整してあります。これら三種の外形を持つ図記号を混用して拡大・縮小する際は、この点にご留意ください。
6) 赤、黄、緑、青が使用されている図記号の色彩は、[JIS Z 9101-1995 安全色及び安全標識]に依っています。使用の際は、次のマンセル値を参照してください。
- 安全色　赤：7.5R 4/15　黄：2.5Y 8/14　緑：10G 4/10　青：2.5PB 3.5/10
- 対比色　白：N9.5　黒：N1
7) 白地に黒色で表現されている図記号は、前記の赤、黄、緑、青の安全色を除く、他の色彩に変更することができます。また、図と地の関係を反転することができます。
8) 色彩あるいは明度を調整して使用する場合は、見やすさに配慮し、図と地色とのコントラストが十分明確になるようにしてください。明度差は少なくとも5以上になるようにしてください。
9) お手洗い、身障者用設備、エスカレーター、階段、出発、非常口などの図記号は、誘導方向や設置環境に応じて左右に反転することができます。

　なおこの標準案内用図記号は、別に消防法で定められている「非常口」と、「推奨度C」及び「参考」の図記号を除き、平成14年3月20日付で、JIS（日本工業規格）の「案内用図記号JIS Z8210-2002」として制定されています。

2 ピクトグラム以外のグラフィカルシンボル

　ピクトグラムや企業マーク、サービスマークなど、何らかの意味を象徴的に図形表現した記号をグラフィカルシンボルといいます。

　鉄道駅のサインシステムで用いられるグラフィカルシンボルにはピクトグラムのほかに、a) 鉄道会社マーク、b) 路線シンボル、c) 構内営業施設のシンボルマークなどがあり、小さなものでは、地図表現中に用いられる d) 方位記号などがあります。

3 グラフィカルシンボル使用上の留意点

1. ピクトグラムとして用いる標準案内用図記号は、一定の表示方法を想定して設計されています。外形、色彩、図記号の組み合わせ、図形の変更など、この図記号の表示方法の原則を理解したうえで使用する必要があります。詳しくは交通エコロジー・モビリティ財団が発行した『ひと目でわかるシンボルサイン—標準案内用図記号ガイドブック』2001を参照してください。
2. ピクトグラムを使用するうえで最も重要なのは、必ず視距離（見る位置からピクトグラムを表示しているサインまでの距離）に基づいて、表示の大きさを設定することです。これについては次章の解説を参照してください。
3. ピクトグラムの理解度は、誰でもわかるものから、わかる人が少ないものまで、図記号ごとにばらつきがあります。現在まだ理解度の低い図記号には文字を併記して、誰でもわかりやすいものとする配慮が必要です。
4. ピクトグラムは、言語の障壁を超えて誰でもひと目でわかり、コンパクトに表示できるなど利点の多い表現手段ですが、多くの語彙を表すことや、例えば県庁と市役所の違いなど、質の差を表現することはできません。標準案内用図記号以外のピクトグラムを多用することには、慎重であることが望まれます。
5. 会社マークや路線シンボル、営業マークなどは、視認性に優れ十分に周知されたものであれば、もちろんサインとして有効です。例えば営団地下鉄の路線シンボルは、必ず路線名称と一対に表示されていて、アイキャッチャー（目を引きつけるもの）機能と色彩コードが統合された優れた用例といえます。一方全国的にみると、視認性や認知度の低いシンボルも多く、これらを活用しても利用者に意味が伝わりません。これらのシンボルを使用するうえで、その地を初めて訪れる人に理解できるか、という視点から採用を判断することが重要です。

■ 会社マークの例　　■ 路線シンボルの例

4］矢印

1 矢印の定義

ピクトグラムのうち移動方向を指示する「矢印」は、下図の定義の基づいて用いると、多くの利用者にとって指示方向が理解しやすくなります。なお上段の8方向については、「案内用図記号JIS Z8210-2002」の解説に矢印の使用方法として示されています。

2 矢印使用上の留意点

1. サインシステムに用いる矢印には、a) 人の移動方向を指示する矢印のほか、b) 〜はこちらにあるなどと物品の所在を指示する矢印、c) 〜の次に〜などと操作の手順を指示する矢印などの種類があります。下図の定義は、これらのうち a) について規定したものです。
2. a)、b)、c) の形状について、下図のいわゆる"ベルギー型矢印"を共通に用いることは差し支えありませんが、同一の視覚環境の中で同じようなスケールでこの3者を混ぜて使用すると、定義が混乱して何を指しているのかわからなくなることがあります。この3者の混用は避けなければなりません。
3. 移動方向を指示する矢印として広く利用者が理解しやすいのは、「←」「→」「↑」「↓」の4種の矢印です。できるだけこの4種の矢印を用いるように、サインの配置位置を工夫する必要があります。例えば通路上のはるか前方に左へ上る階段がある場合、階段前の通路上の遠くから視認できる位置に「←」のサインを掲出して、さらに階段正面に「↑」のサインを掲出すれば、移動方向をよりわかりやすく指示することができます。

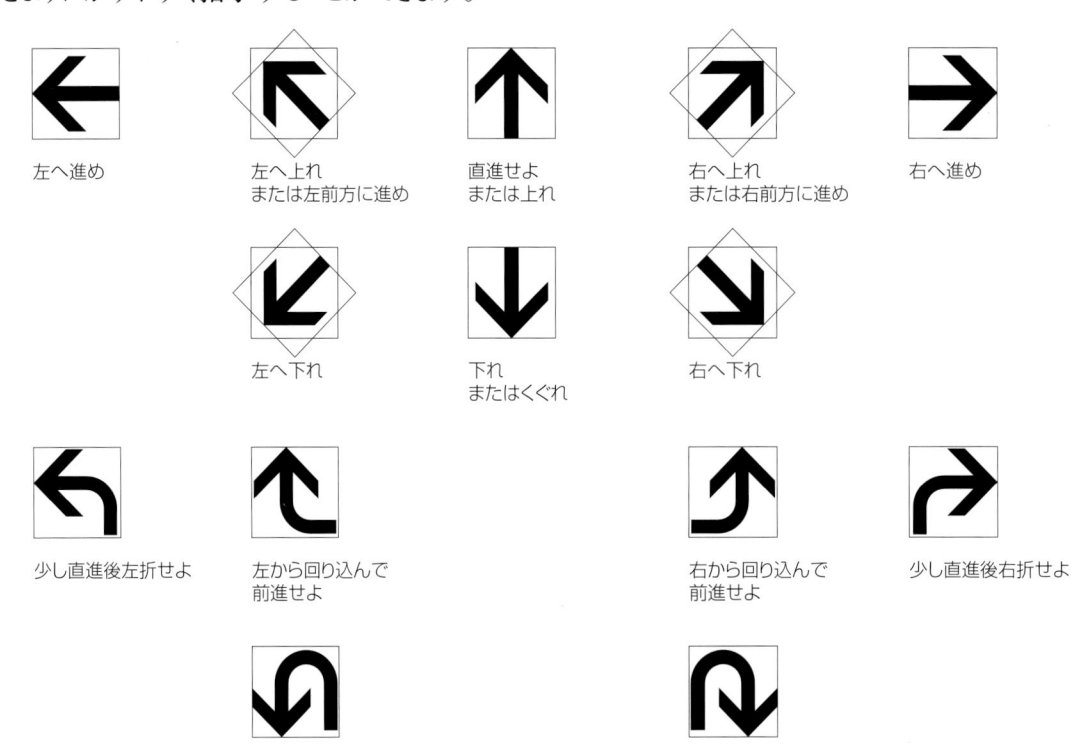

←	↖	↑	↗	→
左へ進め	左へ上れ または左前方に進め	直進せよ または上れ	右へ上れ または右前方に進め	右へ進め

↙	↓	↘		
左へ下れ	下れ またはくぐれ	右へ下れ		

↰	↱	↴	↳	
少し直進後左折せよ	左から回り込んで前進せよ	右から回り込んで前進せよ	少し直進後右折せよ	

↶	↷
左からUターンせよ	右からUターンせよ

5］色彩コード
1 安全色

色彩コードのうち安全色については、ガイドラインで以下のように示されています。

■表示方法の基本的事項
○安全色に関する色彩は、別表2-1による。出口に関する表示は、このJIS規格により黄色とする。

■ 別表2-1　JIS Z9103-1995　安全色・一般的事項に示す安全色の表示事項及び使用箇所（抜粋）

安全色	表示事項	使用箇所	使用箇所例
赤	a. 防火 b. 禁止 c. 停止 d. 高度の危険	防火、禁止、停止、高度の危険に関係がある箇所	a. 防火警標、消火栓、消火器、火災報知器 b. 禁止警標、バリケード（立入禁止） c. 緊急停止ボタン、停止信号旗、信号の"停止"色光 d. 火薬警標、火薬類の表示
黄赤	a. 危険	a. 災害、障害を引き起こす危険性がある箇所	a. 危険標識、危険警標、危険表示
	b. 航海の保安施設	b. 航海の保安施設及び遭難救助の際に用いる海上から識別しやすい目印	b. 救命いかだ、救命具、救命ブイ、水路標識
黄	a. 注意	a. 衝突、墜落、つまずきなどの危険の恐れがある箇所	a. 注意標識、注意警標
	b. 明示	b. 注意を促す必要のあるもの、特に明示を必要とするもの又はそれらの箇所	b. 信号の"注意"色光、駅舎・改札口・ホーム等の出口表示
緑	a. 安全 b. 避難 c. 衛生・救護 d. 進行	安全意識の高揚に関係がある箇所、緊急避難に関係がある箇所、衛生・救護に関係がある箇所及び進行を示す箇所	a. 安全旗及び安全指導標識 b. 非常口の方向を示す標識 c. 労働衛生旗及び衛生指導標識、保護具箱、担架、救急箱、救護所の位置・方向を示す標識及び警標 d. 進行信号旗、信号の"進行"色光
青	a. 指示 b. 用心	保護具着用など安全衛生のための指示及び担当者以外がみだりに操作してはならない箇所	a. 保護めがね着用、ガス測定などを指示する標識の地色 b. 修理中を示す標識
	c. 誘導		c. 駐車場の方向及び所在を示す
赤紫	放射能	放射性同位元素及びこれに関する廃棄作業室、貯蔵施設、管理区域に設けるさくなど	

2 安全色以外の色彩コード

鉄道駅のサインシステムで用いられる色彩コードには安全色のほか、a)動線別情報源の識別色、b)鉄道会社の企業色、c)鉄道会社が定める路線ごとの路線色、d)国際リハビリテーション協会が定める身障者用設備図記号の表示色などがあります。

加えて、トイレの誘導サインに e)トイレ図記号の表示色を、またトイレの位置サインに f)男女トイレの識別色を次頁の図のように用いると、切迫した利用者のニーズに応えることができます。

3 色彩コード設定上の留意点

1. 鉄道駅のサインシステムとして用いる色彩コードは、面的に使用するものとポイント的に使用するものを体系的に整理して、設定する必要があります。

2. 鉄道駅の視覚環境は、広告類などを含めて以外と多くの色彩が散在しています。主動線を顕在化する情報が環境の中で埋没しないように a)動線別情報源の識別色と、b)鉄道会社の企業色は、サイン表示面のベース色として面的に使用するほうが、効果的です。

3. d)身障者用設備図記号の表示色、e)トイレ図記号の表示色、f)男女トイレの識別色は、それぞれグラフィカルシンボルとして具体的な形態を備えているので、必然的に色彩はポイント的に使用することになります。

4. c)路線色は、面的に使用することもポイント的に使用することも可能ですが、多路線の接続駅で路線別の案内をするときに、色彩を用いた効果が最も発揮できることを勘案すると、営団地下鉄の例のように、適切な形態も持つグラフィカルシンボルとしてまとめてポイント的に使用するほうが、効果的に利用できます。

5. 鉄道駅の利用者動線を大まかに整理すると、入場動線、出場動線、付帯動線の三つの種類があります。動線別情報源の識別色として設定する色は、具体的には、入場動線用サイン表示面のベース色、出場動線用サイン表示面のベース色、付帯動線用サイン表示面のベース色の3種を定めると効果的です。このうち出場動線用の色彩は、JISの規定により黄色が適しています。

6. 動線別情報源の識別色の設定方法には、
   A：出場動線用を黄色、入場動線用と付帯動線用を白とする
   B：出場動線用を黄色、入場動線用を紺、付帯動線用を白とする
   C：出場動線用を黄色、入場動線用と付帯動線用を企業色とする
   などの案が考えられます。

   入場動線用サインの表示に路線色を用いる場合は、そのベース色を白にすると路線色を識別しやすく表示することができます。

   ベース色に紺を用いる案は、黄色や白との明確な対比を意図したものです。紺を黒に置き換える方法もありますが、紺には彩度があるため、黒よりも誘目性を高めることができます。またわが

国では、黒地は暗いなどの印象から好まないと感じる人が多く、ここでは避けることとしました。ターミナル駅の自由通路などでは、入場動線用サインのベース色を紺に設定すると、環境の中で一段と際立ちます（路線色は各鉄道会社がバラバラに定めて都市的な整合が図られていない場合が多く、ターミナル駅の自由通路などの案内用には、採用しにくい傾向があります）。

入場動線用等のサインのベース色に企業色を用いる案は、その企業色が出場動線用の黄色と適度な対比を保てて、かつ他の色彩コードと整合が採れる場合、他路線とのかかわりが少ない比較的小規模な鉄道等で使用可能です。

7. サインシステムに路線色を用いる場合は、車両の塗装色や路線図の表示色、サインの表示色など、利用者が眼にするアイテム全般に一貫して使用して、路線色の普及に努める配慮が必要です。サイン単独で定めても、効果は薄いと考えなければなりません。

■ 安全色

マンセル値	：7.5R 4/15	マンセル値	：2.5Y 8/14	マンセル値	：10G 4/10	マンセル値	：2.5PB 3.5/10
PANTONE	：186C	PANTONE	：123C	PANTONE	：335C	PANTONE	：2945C
DIC	：F101	DIC	：F181	DIC	：F306	DIC	：N-890
日塗工	：Y07-40X	日塗工	：Y22-80V	日塗工	：Y49-40T	日塗工	：Y72-40T

■ 入場動線用・付帯動線用サインのベース色の例

紺：PANTONE 2747C　　　　白

■ 出場動線用サインのベース色の例

黄：PANTONE 123C

■ 図記号の表示色の例

PANTONE 661C 　　PANTONE 185C 　　PANTONE 661C 　　女子：PANTONE 185C
男子：PANTONE 661C

2-2 誘導サイン・位置サインのコードプランニング

1] 誘導サイン・位置サインに表示する情報内容

誘導サインと位置サインに表示する情報内容について、ガイドラインでは次のように示されています。

■誘導サイン・位置サインに表示する情報内容
○誘導サイン類に表示する情報内容は、別表 2-3 のうち必要なものとする。
○誘導サイン類に表示する情報内容が多い場合、経路を構成する主要な空間部位と、移動円滑化のための主要な設備を優先的に表示する。
◇移動距離が長い場合、目的地までの距離を併記することがなお望ましい。
○位置サイン類に表示する情報内容は、別表 2-4 のうち移動円滑化のための主要な設備のほか必要なものとする。
○位置サイン類に表示する情報内容が多い場合、前述の設備のほか経路を構成する主要な空間部位を優先的に表示する。

■別表 2-3　誘導サイン類に表示する情報内容

情報内容	情報内容例
経路を構成する主要な空間部位	出入口、改札口、乗降場、乗り換え口
移動円滑化のための主要な設備	エレベーター、便所、乗車券等販売所
情報提供のための設備	案内所
アクセス交通施設	鉄軌道駅、バスのりば、旅客船ターミナル、航空旅客ターミナル、タクシーのりば、レンタカー、駐車場
隣接商業施設	大型商業ビル、百貨店、地下街

■別表 2-4　位置サイン類に表示する情報内容

情報内容	情報内容例
経路を構成する主要な空間部位	出入口、改札口、乗降場、乗り換え口
移動円滑化のための主要な設備	エレベーター、エスカレーター、傾斜路、便所、乗車券等販売所
情報提供のための設備	案内所、情報コーナー
救護救援のための設備	救護所、忘れもの取扱所
旅客利便のための設備	両替所、コインロッカー、公衆電話
施設管理のための設備	事務室

2］利用者動線の種類

大規模なターミナル駅まで視野に入れて考えると、鉄道駅の利用者動線は下図のように整理できます。

鉄道のりかえ系動線は、大括りには同じ駅構内にある他鉄道への入場動線とみなします。またバスやタクシーなどアクセス交通施設は一旦駅を出て乗り継ぐのが一般的なため、出場動線に含めます。入場動線と出場動線が鉄道駅における主動線で、鉄道利用に伴って付帯的に発生する動線を付帯動線と呼称します。

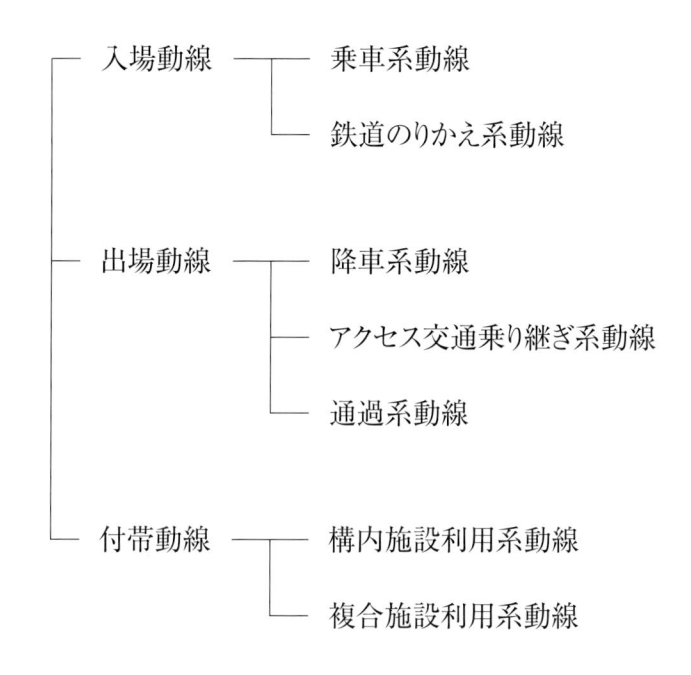

```
├─ 入場動線 ─┬─ 乗車系動線
│            └─ 鉄道のりかえ系動線
│
├─ 出場動線 ─┬─ 降車系動線
│            ├─ アクセス交通乗り継ぎ系動線
│            └─ 通過系動線
│
└─ 付帯動線 ─┬─ 構内施設利用系動線
             └─ 複合施設利用系動線
```

3］誘導サイン・位置サインの種類

的確な誘導系を成立させるためには、誘導サインと位置サインに、「指示（〜はあちら、ディレクション）と同定（〜はここ又はこれ、アイデンティフィケーション）」という因果関係に似た一対の対応関係を与えて、サインシステムを構成する必要があります。指示をしても同定のないサインシステムは、結論のない文章のように不明確になりがちです。特に主動線を顕在化させる主要な情報については、これを徹底する必要があります。

ガイドラインの別表に例示された情報内容を、誘導サインと位置サインの種類に置き換えて、動線別のサイン・グループごとに、「指示と同定」の関係に対応させて整理すると、次頁のようにまとめることができます。

なおここでは情報内容別に個別サイン名称を定めています。サイン器具のまとめ方からみると、1台の器具ごとに1種の個別サインを表示する方法も、また1台の器具に複数の個別サインを集約して表示する方法もあります（施設の規模が大きくなると、サイン器具台数をできるだけ少なくするために、後者の方法を工夫する必要が生じます）。

動線別のサイン・グループの種類		誘導サインの種類（指示）	位置サインの種類（同定）
入場動線用情報	乗車系サイン	鉄道駅誘導標　※1	駅入口位置標
		鉄道駅誘導標　※1	駅入口駅名標
		改札入口誘導標	改札入口位置標
		きっぷうりば誘導標	きっぷうりば位置標
		指定券うりば誘導標	指定券うりば位置標
		定期券うりば誘導標	定期券うりば位置標
		乗車券カウンター誘導標	乗車券カウンター位置標
		のりば（乗降場）誘導標	のりば（乗降場）位置標
		エレベーター誘導標	エレベーター位置標
		エスカレーター誘導標	エスカレーター位置標　※2
		傾斜路誘導標	傾斜路位置標　※2
		階段誘導標　※3	階段位置標　※3
	鉄道のりかえ系サイン	のりかえ誘導標	のりかえ改札口位置標
出場動線用情報	降車系サイン	ホーム駅名標中の次駅名表示　※4	ホーム駅名標
		改札出口誘導標	改札出口位置標
		精算所誘導標	精算所位置標
		駅出口誘導標	駅出口位置標
		エレベーター誘導標	エレベーター位置標
		エスカレーター誘導標	エスカレーター位置標　※2
		傾斜路誘導標	傾斜路位置標　※2
		階段誘導標　※3	階段位置標　※3
	アクセス交通乗り継ぎ系サイン	バスのりば誘導標	バスのりば位置標　※5
		タクシーのりば誘導標	タクシーのりば位置標　※5
		レンタカー受付誘導標	レンタカー受付位置標　※5
		駐車場誘導標	駐車場位置標　※5
		客船ターミナル誘導標	客船ターミナル位置標　※5
		空港誘導標	空港位置標　※5

付帯動線用情報	構内施設利用系サイン	トイレ誘導標	トイレ位置標
		案内所誘導標	案内所位置標
		情報コーナー誘導標　※6	情報コーナー位置標
		救護所誘導標　※6	救護所位置標
		忘れ物取扱所誘導標　※6	忘れ物取扱所位置標
		両替所誘導標　※6	両替所位置標
		コインロッカー誘導標　※6	コインロッカー位置標
		公衆電話誘導標　※6	公衆電話位置標
		駅事務室誘導標　※6	駅事務室位置標
		警備施設誘導標　※6	警備施設位置標　※7
		構内店舗誘導標　※6	構内店舗位置標　※7
		旅行サービス施設誘導標　※6	旅行サービス施設位置標　※7
		行政サービス施設誘導標　※6	行政サービス施設位置標　※7
		生活サービス施設誘導標　※6	生活サービス施設位置標　※7
	複合施設利用系サイン	複合集客施設誘導標　※6	複合集客施設位置標　※7
		隣接商業施設誘導標　※6	隣接商業施設位置標　※7

※1. 鉄道駅誘導標は、駅周辺の道路管理者が掲出するのが一般的である。鉄道駅誘導標には、一般的に、鉄道駅名も表示される。

※2. エスカレーター位置標及び傾斜路位置標は、設備の設置状況からそれとわかる場合は掲出しない。

※3. 階段誘導標・階段位置標は、階段自体を目標にして移動することがないため掲出しない場合が多いが、「エスカレーターはあちら、こちらは階段」などと移動設備の設置状況を対比的に示す場合に掲出する。

※4. ホーム駅名の誘導標は、一般的には、前駅のホーム駅名標に次駅名と列車の進行方向を表示して示す。

※5. 乗り継ぎのための各アクセス交通施設位置標は、各々の施設管理者が掲出するのが一般的である。

※6. 誘導サインに表示する情報量が多い場合、構内施設や複合施設の誘導サインを無理に掲出しようとすると、主要な入場動線・出場動線を示すサインも影響を受けて全体がわかりにくくなるため、これら施設の案内方法を別途工夫する必要がある（次項参照）。

※7. 構内施設や複合施設の位置標は、各々の施設管理者が掲出するのが一般的である。なお警備施設には交番や鉄道警察などの例が、また構内店舗にはコーヒーショップやレストランなどの例が、旅行サービス施設には旅行センターなどの例が、行政サービス施設には印鑑証明書の発行窓口などの例が、生活サービス施設には郵便局やATM、図書の返却口、保育所、取次ぎ代行などの例が、複合集客施設にはホテルやギャラリー、イベントホール、美術館、劇場などの例が、隣接商業施設にはデパートや駅ビル、地下街などの例がある。

4］情報掲出におけるプライオリティ設定

1 ターミナル駅における問題点

　鉄道駅のわかりやすさについて、利用者から特に複数の路線が結節するターミナル駅で、改善を求める声が強く上がっています。現存するわが国の多くのターミナル駅がとりわけわかりにくくなっているのは、次の理由などによっています。

1. ターミナル駅にさまざまな施設が複合していて、駅自体が非常に複雑化している。
2. 利用者の多さに比べて空間が狭く、見通しを確保しにくい。
3. 商業広告や自社広告、みやげものの屋台・店舗などが視界を塞ぎがちで、移動のための情報を求める利用者にとっては、それらがノイズ（視覚的な騒音）として作用してしまう。
4. サインシステムそのものが、わかりやすく計画されていない。

　サインシステムにおける問題点は、次のように指摘できます。

a）複数の会社の管理区域が連続的につながっているにもかかわらず、サイン計画が管理区域ごとにバラバラに行われているため、サインの様式が管理区域ごとに異なり、同種の情報を連続的に辿りにくい。

b）加えて自管理区域では、自社線を強調し、他社線をことさら小さく扱う傾向が強い。そのため特定の管理区域内では、同駅に結節している他社の路線を示すサインを発見しづらくなっている。

c）自管理区域では、PRを意図していると思われるが、自社関連の営業施設の情報を誘導サイン上に数多く表示している場合が多い。その分、駅で最も基本的な入出場のための情報の扱いが小さくなり、本来サインシステムによって顕在化できるはずの主動線が、利用者にとって見えない状況になっている。

d）わが国では、鉄道会社の営業施設などの表示に愛称を用いている例が多いが、ほとんどの愛称が、何の施設であるのか、その"意味"が伝わる名称になっていない。そのため他都市や外国からの来訪者にとっては、意味不明の情報が氾濫している状況になっている。

2 ターミナル駅におけるサインシステム整備の基本方針

　ターミナル駅では、通勤通学など毎日利用する人たちのほかに、他都市や外国から初めて訪れた人々やその駅の利用に不慣れな人々が大勢います。国内的にも国際的にも人々の往来が盛んになっている今日、ターミナル駅では特にそのような利用者を前提としたサインシステム計画が求められています。

　そこで、たとえ特定会社の管理区域であっても、不特定多数の人々が自由に行き来する通路では、まずターミナル内にある全ての鉄道への入場動線と、街やアクセス交通施設への出場動線の明確化が求められていると考えなければなりません。

　整備にあたって、ターミナル内にはコモン・スペースとローカル・スペースがある、という認識が重要です。コモンは共同の意で、コモン・スペースとは、さまざまな目的で移動する人々が共同に利用

する空間領域を指しています。ローカルは特定の意で、ローカル・スペースとは、絞られた特定施設の利用者が利用する空間領域を指しています。

　コモン・スペースには、より広範な利用者が共通して必要とするコモン情報を、またローカル・スペースには、特定施設の利用者が必要とするローカル情報をと、ニーズに応じた情報をそれぞれが求められている位置に整理して掲出することが、ターミナル駅におけるサインシステム整備の最も基本的な考え方です。

　（Ⅱ部第3章のターミナル駅モデルデザインの参考となった横浜駅では、横浜市が関係する全ての鉄道事業者に呼びかけて調整会議を開催し、その連携のもとでコモン情報を表示するコモン・サインを導き出しました。このように、ターミナル駅のコモン・サインを設定するためには、地域住民や利用者の立場に立った自治体の役割りが重要と思われます。）

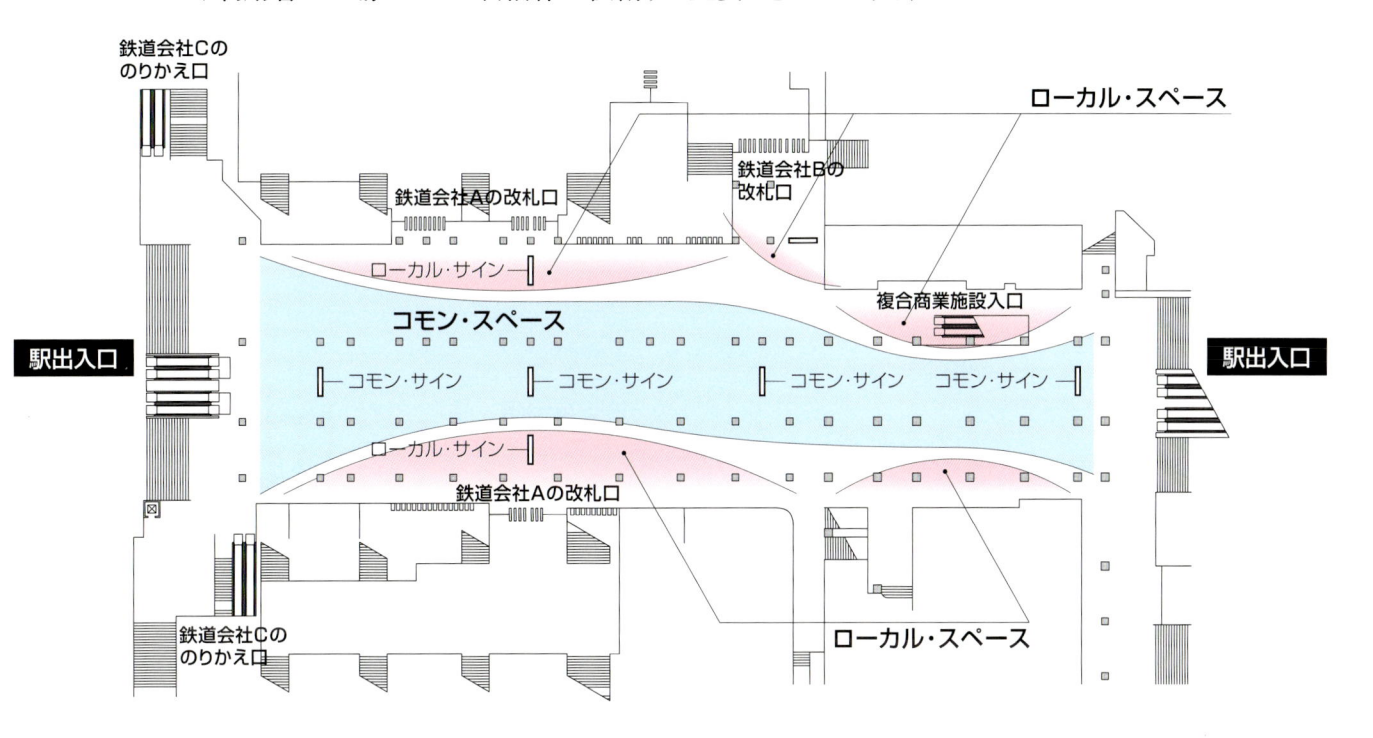

❸ 誘導サインのプライオリティ設定

　一定規模以上の鉄道駅では、とりわけターミナル駅においては、コモン情報とローカル情報をそれぞれ読み取りやすくするために、誘導サインに掲出する情報について、プライオリティ（優先順位）を設定する必要があります。

　第1順位は、同駅内にある全ての鉄道への入場動線と、街やアクセス交通施設への出場動線から成る主動線を顕在化するための情報、及びトイレ、案内所の位置を明確化するための情報です。これらの情報は、全域的な誘導サインにおいてできるだけ統一的な様式で連続的に表示する必要があります。これによって情報の最も不足している当該駅へ初めて訪れた利用者の基本的なニーズに応えることができます。また上記の主動線を示すサインは、車いす使用者が辿っても当

然スムーズに移動できるものでなければなりません。エレベーターの設置位置が主動線から外れる場合は、その位置からエレベーターへの誘導情報が必要になります。

　第2順位は、主動線に沿って移動するプロセスでローカルに発生する行動のために必要な情報です。これらの情報は全域的なサインに表示せず、当該施設に近づいてから発見できる位置からの誘導表示を基本とします。また駅出入口やホームなどから新たに当該駅に到達した利用者が第2順位の情報を入手できるように、駅出入口及び改札口付近に、これらの位置を表示した構内案内図を設置する必要があります。

　第3順位は、構内施設や複合施設を利用するために必要な情報です。一定規模以上の駅になると、前述した第1順位、第2順位の誘導サインだけでも空間上に掲出される情報量がかなり多くなるため、これら第3順位の情報は誘導サインに表示しない原則とします。また新たに到達した利用者のために、第2順位の情報と同様に、駅出入口及び改札口付近に設置した構内案内図に、これらの情報を表示する必要があります。

　これらを表にまとめると以下のようになります。

順位	動線別のサイン種類	個別サインの名称
第1順位	乗車系サイン	改札入口誘導標　のりば誘導標　エレベーター誘導標
	鉄道のりかえ系サイン	のりかえ誘導標
	降車系サイン	改札出口誘導標　駅出口誘導標　エレベーター誘導標
	アクセス交通乗り継ぎ系サイン	のりかえ誘導標　バスのりば誘導標　タクシーのりば誘導標　客船ターミナル誘導標　空港誘導標
	構内施設利用系サイン	トイレ誘導標　案内所誘導標
第2順位	乗車系サイン	きっぷうりば誘導標　指定券うりば誘導標　定期券うりば誘導標　エスカレーター誘導標　傾斜路誘導標　階段誘導標
	降車系サイン	精算所誘導標　エスカレーター誘導標　傾斜路誘導標　階段誘導標
	アクセス交通乗り継ぎ系サイン	レンタカー受付誘導標　駐車場誘導標
	構内施設利用系サイン	情報コーナー誘導標　救護所誘導標　忘れ物取扱所誘導標　両替所誘導標　コインロッカー誘導標　公衆電話誘導標　駅事務室誘導標　警備施設誘導標
第3順位	構内施設利用系サイン	構内店舗誘導標　旅行サービス施設誘導標　行政サービス施設誘導標　生活サービス施設誘導標
	複合施設利用系サイン	複合旅客施設誘導標　隣接商業施設誘導標

5］誘導サイン・位置サインの表現コード

　誘導サイン及び位置サインに表示する表現コード（色彩コードを除く）の一般例は、以下のように示すことができます。なおここでは、2路線が結節している高架駅で、改札口は1ヵ所、ラチ（改札口）内コンコースにトイレがあり、ラチ外コンコースで他社線に乗り換える構造の駅を想定しています。

空間部位	動線別のサイン種類	個別サインの名称	表示する表現コード
駅出入口	乗車系サイン	駅入口位置標	🚆 ※1
		駅入口駅名標	（会社マーク，駅名）
	降車系サイン	駅出口位置標	○○口 ○○ Exit
	アクセス交通乗り継ぎ系サイン	バスのりば誘導標	↑ 🚌 ※1
		タクシーのりば誘導標	↑ TAXI ※1
ラチ外コンコース	乗車系サイン	改札入口誘導標	↑ 🚆 ○○線　△△線　（+距離表示） ○○ Line　△△ Line　※2
		きっぷうりば誘導標	↑ 🎫 きっぷうりば Tickets
		改札入口位置標	🚆 ○○線改札口 Gates of ○○ Line
	構内施設利用系サイン	トイレ誘導標	↑ 🚻 ※1 ※3
		案内所誘導標	↑ ❓ 旅行案内所 Tourist Information
		案内所位置標	❓ 旅行案内所 Tourist Information
	降車系サイン+アクセス交通乗り継ぎ系サイン	駅出口誘導標+バスのりば・タクシーのりば誘導標	↑ ○○口　🚌　TAXI ○○ Exit
	鉄道のりかえ系サイン	のりかえ誘導標	↑ 🚆 △△線　（+距離表示） △△ Line　※2
ラチ内コンコース	乗車系サイン	のりば誘導標	↑ ① ○○方面 for ○○ ※4
		エレベーター誘導標	↑ 🛗 ※1

		エレベーター位置標	[EV↓↑] ①	のりば行 to Track ※5
	構内施設利用系サイン	トイレ誘導標	↑ [トイレ記号]	※1 ※3
		トイレ位置標	[トイレ記号] [車椅子記号]	※1 ※3
		トイレ位置標	[男] [女] [車椅子記号]	※1 ※3
	降車系サイン	改札出口誘導標	↑	改札口 Gates
		改札出口位置標		改札口 Gates
		精算所誘導標	↑ [精算記号]	精算所 Fare Adjustment
	鉄道のりかえ系サイン	のりかえ誘導標	↑ [電車記号]	△△線　（＋距離表示） △△ Line ※2
		のりかえ改札口位置標	[電車記号]	△△線のりかえ口 Transfer to △△ Line
ホーム	乗車系サイン	のりば位置標	①	○○方面 for ○○ ※4
	構内施設利用系サイン	情報コーナー位置標	[i]	※6
	降車系サイン	ホーム駅名標	（駅名）	
		改札出口誘導標	↑ [エスカレーター記号]	改札口 Gates ※1 ※7
		エレベーター誘導標	↑ [EV記号]	※1
		エレベーター位置標	[EV↓↑]	改札口行 to Gates ※5
	降車系サイン＋構内施設利用系サイン	エレベーター・エスカレーター・トイレ誘導標	↑ [EV] [エスカレーター] [トイレ] [車椅子]	（＋距離表示） ※1
	鉄道のりかえ系サイン	のりかえ誘導標	↑ [電車記号]	△△線　（＋距離表示） △△ Line ※2

- ※1. 「鉄道駅」「バス」「タクシー」「お手洗」「エレベーター」「エスカレーター」の各ピクトグラムは、一般案内用図記号検討委員会が実施した理解度調査（2000年8月、被験者770名）で、表記順に100点満点中、89.1点、97.4点、99.3点、92.1点、92.3点、96.1点といずれも高い評価を得ているため、ピクトグラムのみの表示で十分情報内容が伝わると判断できる。すなわちこれらの使用にあたって、文字を併記する必要はない。
- ※2. 改札入口誘導標やのりかえ誘導標における鉄道路線のグラフィカルシンボルは、「鉄道駅」のピクトグラムのほかに、営団地下鉄などのように広く周知された路線シンボルを用いる方法もある。複数の路線を同一表示面に表示して「鉄道駅」のピクトグラムを使用する場合、ピクトグラムでは固有の路線を意味することはできないので、複数路線に対して1つのピクトグラムを表示すればよい。
- ※3. 「オストメイト（人工肛門・人工膀胱造設者）」の図記号は、『公共交通機関旅客施設の移動円滑化整備ガイドライン 平成13年8月』に掲載されているもので、一般案内用図記号検討委員会が策定した標準案内用図記号には含まれていない。
- ※4. のりば誘導標やのりば位置標における「行先方面」の表示は、最大3情報程度までが読み取りやすさの限界である。終点駅や相互直通運転の終点駅、行先途中の乗換駅、行先途中の利用者数の多い駅などの中から適宜選択して、3駅以内を表示するとよい。またこれらのサインにいくら数多くの駅名を表示しても、表示のない途中駅への利用者が、どちらのホームに進むべきか迷う場合が必ず生じるので、後述する停車駅案内標を当該サイン付近に設置する必要がある。
- ※5. 乗車系サイン及び降車系サインのエレベーター位置標には、当該エレベーターの行先を表示する必要がある。
- ※6. 「情報コーナー」ピクトグラムの理解度はまだ低い水準にあるが、その位置に来ると必ず案内サイン類を見ることができて内容的には情報伝達が可能なため、文字を併記する必要はないと判断した。現在さまざまな交通施設での使用例が急ピッチで増えていて、次第に理解度が高まると期待される。
- ※7. ホーム上の改札出口誘導標は、ホーム階段部に設置するのが一般的である。当該ホーム階段にエスカレーターが設置されていれば「エスカレーター」ピクトグラムを表示することとし、それがない場合、あえて「階段」ピクトグラムを表示する必要はない。
- ※8. 上記の表のほか、改札口が2ヵ所以上ある駅では、ホーム上及びラチ内コンコースに、駅出口ごとに駅周辺施設の情報を列記した改札出口誘導標を、またラチ外コンコースに、同様な情報を列記した駅出口誘導標を掲出すると、利用者は適切な駅出口を迷わずに選択できるようになる。

2-3 案内サインのコードプランニング

1］案内サインの種類

鉄道駅で必要となる案内サインの一般例には、以下のような種類があります。

設置位置		情報の種類	個別サインの種類
駅出入口	エレベーターのない地下駅・橋上駅の出入口	入場動線用情報	エレベーター入口案内図
	高架駅などの駅入口付近	入場動線用・付帯動線用情報	構内案内図
ラチ外コンコース	地下駅・橋上駅の駅入口から入った箇所		
	きっぷうりば付近	入場動線用情報	運賃表
	改札口付近		発車時刻表
			鉄道ネットワーク図
	改札口付近及び適所	出場動線用情報	駅周辺案内図
			バス乗り継ぎ案内標
	改札口付近及びコンコース中間部、駅出口付近		（駅周辺施設列記式駅出口誘導標）※1
ラチ内コンコース	のりばへの動線分岐点及びホーム階段の昇降口	入場動線用情報	停車駅案内標
	改札口への動線分岐点	出場動線用・付帯動線用情報	構内案内図
			（駅周辺施設列記式改札出口誘導標）※1
ホーム	ホーム階段の昇降口及びホーム上の情報コーナー	入場動線用情報	停車駅案内標
	ホーム上の情報コーナー		鉄道ネットワーク図
			発車時刻表
		出場動線用・付帯動線用情報	移動円滑化設備位置案内図
			（駅周辺施設列記式改札出口誘導標）※1

※1. 駅周辺施設の情報を列記した改札出口誘導標及び駅出口誘導標は、サインの定義上は案内サインに属さないが、表示する情報量が多いため、案内サインと共通の器具モジュールを用いて、これらと集約して表示すると整理しやすく、また視認効果も高まる。そのためこの表に記載した。

2］ 案内サインに表示する情報内容

案内サインに表示する情報内容について、ガイドラインでは構内案内図と駅周辺案内図を取り上げて、次のように示されています。また路線網図（鉄道ネットワーク図）にも触れて、以下のように述べています。

■案内サインに表示する情報内容
○構内案内図に表示する情報内容は、別表 2-5 のうち移動円滑化のための主要な設備のほか必要なものとする。
○構内案内図には移動円滑化された経路を明示する。
○旅客施設周辺案内図を設ける場合、表示する情報内容は、別表 2-6 のうち必要なものとする。
◇ネットワーク運行・運航のある交通機関においては、改札口等に路線網図を表示することがなお望ましい。

■別表 2-5　構内案内図に表示する情報内容

情報内容	情報内容例
経路を構成する主要な空間部位	出入口、改札口、乗降場、その間の経路、階段、乗り換え経路、乗り換え口、移動円滑化された経路
移動円滑化のための主要な設備	エレベーター、エスカレーター、傾斜路、便所、乗車券等販売所
情報提供のための設備	案内所、情報コーナー
救護救援のための設備	救護所、忘れ物取扱所
旅客利便のための設備	両替所、コインロッカー、公衆電話
施設管理のための設備	事務室
アクセス交通施設	鉄軌道駅、バスのりば、旅客船ターミナル、航空旅客ターミナル、タクシーのりば、レンタカー、駐車場
隣接商業施設	大型商業ビル、百貨店、地下街

■ 別表 2-6　旅客施設周辺案内図に表示する情報内容

情報内容		情報内容例
街区・道路・地点	地勢等	山、湾、島、半島、河川、湖、池、堀、港、埠頭、運河、桟橋
	街区等	市、区、町、街区
	道路	高速道路、国道、都道府県道、有名な通称名のある道路
	地点	インターチェンジ、有名な交差点、有名な橋
	交通施設	鉄軌道路線、鉄軌道駅、バスのりば、旅客船ターミナル、航空旅客ターミナル、駐車場
	旅客施設周辺の移動円滑化設備	公衆便所、エレベーター、エスカレーター、傾斜路
	情報拠点	案内所
観光・ショッピング施設	観光名所	景勝地、旧跡、歴史的建造物、大規模公園、全国的な有名地
	大規模集客施設	大規模モール、国際展示場、国際会議場、テーマパーク、大規模遊園地、大規模動物園
	ショッピング施設	大型商業ビル、地下街、百貨店、有名店舗、卸売市場
文化・生活施設	文化施設	博物館・美術館、劇場・ホール・公会堂・会議場、公立図書館
	スポーツ施設	大規模競技場、体育館・武道館・総合スポーツ施設
	宿泊集会施設	ホテル・結婚式場・葬斎場
	行政施設	中央官庁又はその出先機関、都道府県庁、市役所、区役所、警察署、消防署、裁判所、税務署、法務局、郵便局、運転免許試験所、職業安定所、大使館、領事館
	医療福祉施設	公立病院、総合病院、大学病院、保健所、福祉事務所、大規模な福祉施設
	産業施設	放送局、新聞社、大規模な工場、大規模な事務所ビル
	教育研究施設	大学、高等学校、中学校、小学校、大規模なその他の学校、大規模な研究所

3] 構内案内図のコードプランニング

1 構内案内図の表示範囲と大きさ

　構内案内図には、駅出入口付近に設置する入場動線用（付帯動線用を含む）と、ラチ内コンコースに設置する出場動線用（付帯動線用を含む）の2種類があります。いずれの場合でも、構内案内図には当該駅構内で利用者が移動できるエリアと利用できる設備を図示することが基本です。

　構内案内図の表示範囲を決定づける要素には、a) 駅構内で利用者が移動できるエリアと、b) 図として読み取りやすい縮尺、c) 表示面の大きさの3点があります。

　a) 移動できるエリアを図示するために、特に乗換駅やターミナル駅において、掲出者の管理区域にかかわらず、実際に利用者が連続的に移動できる構内全域を表すことが重要です。また図中に駅の周りを含めると、駅と街との連続的な関係がわかりやすくなります。なお一般的には立体的な構造を図示することは難しく、また利用者が読めない場合も多いので、同一平面状に連なった空間領域を表現することを基本とします。

　b) 構内の施設配置等が読み取りやすい図の縮尺は、既存事例を評価すると1/200～1/400程度が適切と思われます。それ以下だと小さすぎて読みづらく、それ以上は空間的な制約から採用できない場合が多いようです。

　c) 図示したい範囲は駅によって異なり、一概に適切な表示面の大きさを特定できませんが、一定の誘目性を確保する観点から、最小でも広告ポスターの大きさ（B1判；728×1030）程度、正方形の場合900mm角程度は必要になります。また後述する駅周辺案内図と集約して表示するために、駅周辺案内図と寸法を同一に整える方法もあります。

2 構内案内図の同定表示の方法

　構内案内図や駅周辺案内図などのマップ類は、線や色面などで表現した形状図と同定表示との総和によって施設等の位置を表します。同定表示とは、文字やピクトグラム、その他の記号などの表現コードによって、"これがそれである"とはっきり特定するための表示のことをいいます。

　構内案内図の同定表示を次頁に示した方法で行うと、主動線と移動円滑化のための主要な設備、及び構内の施設をより明確に伝えることができます。

　なお鉄道会社が定めている有人の乗車券販売所（乗車券カウンター）や旅行センターなどの愛称は、初めての来訪者にとって、その名称だけでは何の施設かわからない場合が多いため、ここでは普通名詞による用語を併記する方法を推奨しています。

　また駅に隣接している商業施設の名称も、言葉だけでは何を意味するものか全くわからない例が数多くあります。このような名称は誘導サインに表示しても意味が伝達されないので、初めての来訪者の役には立ちません。構内案内図に形状図と同定表示により表現されることで、ようやくそれが面積を有する何らかの施設であると利用者に伝わるようになります。

	情報内容	同定表示の方法
駅の空間部位	駅出入口	駅出口名称又は駅前広場名称
	改札口	単独駅ではピクトグラム+「改札口」 乗換駅ではピクトグラム+「〜線改札口」
	乗降場	「① 〜方面」等　　「①」は番線番号を示す
	乗り換え改札口	ピクトグラム+「〜線のりかえ口」
	移動円滑化された経路	赤の線記号を用いて強調
	上記以外の経路・階段	（原則として形状図のみとし同定表示はしない）
移動円滑化設備	エレベーター	ピクトグラムを他より強調して表示　エレベーターの行先を表示
	エスカレーター	移動方向にあるエスカレーターをピクトグラム表示
	傾斜路	移動方向にある傾斜路をピクトグラム表示
	便所	ピクトグラム表示（原則として構内図では男女の別は表示しない）
	身障者用便所	ピクトグラム表示
	多機能便所	ピクトグラム表示
	乗車券販売所	単独駅ではピクトグラム+「きっぷうりば」 乗換駅ではピクトグラム+「〜鉄道（線）きっぷうりば」
	指定券販売所	「指定券うりば」
	定期券うりば	単独駅では「定期券うりば」 乗換駅では「〜鉄道（線）定期券うりば」
	有人乗車券販売所	（愛称+）「きっぷうりば・予約受付」
	精算所	ピクトグラム+「精算所」
情報提供設備	案内所/相談施設	ピクトグラム+「案内所」
	旅行案内所	ピクトグラム+「旅行案内所」
	情報掲出箇所	（原則として他の情報コーナーの位置は表示しない）
アクセス交通施設	バス乗り場	ピクトグラム表示
	タクシー乗り場	ピクトグラム表示
	レンタカー営業所	ピクトグラム+「レンタカー受付」
	駐車場	ピクトグラム表示
救護救援設備	救護所	ピクトグラム+「救護所」
	忘れ物取扱所	ピクトグラム+「お忘れもの取扱所」

	警察官派出所	ピクトグラム+「交番」
	鉄道警察隊	ピクトグラム+「鉄道警察」
旅客利便設備	旅行代理店	（愛称+）「旅行センター」
	両替所	ピクトグラム表示
	コインロッカー	ピクトグラム表示
	公衆電話	ピクトグラム表示
施設管理設備	事務室	「駅事務室」
隣接商業施設	商業ビル・百貨店・地下街等	（各施設の名称を表示）

注1）表中の「　」は、和文及び英文による用語を示す。
注2）単独駅とは、ここでは乗り換えのない駅の意で用いている。
注3）表中の"ピクトグラム表示"は、一般案内用図記号検討委員会が実施した理解度調査（2000年8月、被験者770名）でいずれも100点満点中66点以上の高い評価を得ていて、ピクトグラムのみで意味を伝達できる。"ピクトグラム+「用語」"は、同調査でピクトグラムの理解度がまだ低いため、あるいは固有名称を表示する必要があるため、用語を併記している。

3 構内案内図に用いるピクトグラム・その他の記号

構内案内図に多く用いるピクトグラムやその他の記号には、次の例などがあります。

エレベーター　エスカレーター　スロープ　トイレ　多機能トイレ

鉄道　バスのりば　タクシーのりば　駐車場

きっぷうりば/精算所　救護所　忘れ物取扱所　交番/鉄道警察　コインロッカー　公衆電話

現在地　方位　スケール

バリアフリー経路

4］駅周辺案内図のコードプランニング

駅周辺案内図の表示方法や表現コードを設定するにあたって、標識令による地図標識との関係を整理しておく必要があります。

平成12年11月に「道路標識,区画線及び道路標示に関する命令」(いわゆる標識令)の一部が改正されて、交通バリアフリー法に基づく重点整備地区内の特定経路を主としたバリアフリー整備と一体的に地図標識の整備展開が進められることになりました。

この地図標識の標準デザインに関する検討は平成13年度に行われ、その成果が平成14年秋に発行予定の『道路の移動円滑化整備ガイドライン』に収録される予定です。

この国土交通省道路局によるガイドラインが示された後は、駅前以遠ではそれに則った地図標識が設置されることになりますので、情報掲出の連続性を図る観点から、駅構内に設置する駅周辺案内図も、共通な情報が表示されていることが求められます。

ここでは、道路のガイドラインの考え方に沿って、駅周辺案内図の作り方のうち表示範囲の決め方や表示情報の選び方、表現コードの設定方法など、コードプランニングに関連する事項について解説します。

なお道路上に設置する地図標識と駅構内に設置する駅周辺案内図の表現条件の最も大きな違いは、前者では歩道の有無、横断歩道の状況など道路自体の情報を詳述することが不可欠であるのに対して、後者では現在地から駅周辺の各施設までの移動経路をできるだけ単純明瞭に示す目的に限定してよいと判断できる点です。以下では、駅構内で求められる駅周辺案内図の情報整理の方法を述べています。

■1 駅周辺案内図の表示範囲と大きさ

駅周辺案内図の表示範囲を決定づける要素は、a)当該駅からの歩行圏の大きさと、b)図として読み取りやすい縮尺、c)表示面の大きさの3点です。

駅周辺案内図では、まず当然のことながら、当該駅を利用する来訪者の多くが徒歩で移動する目的施設等が、表示面内に図示されていなければなりません。一方、図が読み取りやすい大きさ(縮尺)に表現されていないと、結果的には役に立たないことになります。この2者の関係が定められると、必然的に c)表示面の大きさが設定されますが、それも駅の空間条件などから一定の制約を受けることになります。

a)歩行圏の大きさからみると、鉄道駅は、1)都市部などの一般駅、2)ターミナル駅、3)郊外や地域間などのその他の駅に分類できます。

都市部の地下鉄(高速鉄道)では、沿線のどこでもいずれかの駅から歩いて行けるように、およそ1km間隔に駅が設けられています。駅を中心に置いて、この片側500m程度の距離は、歩いておよそ10分程度の距離にあたり、都市部ではこの程度が通常の歩行圏の上限であると考えられます。標識令による地図標識の都市部における標準デザインでは、現在地を中心に1km四方を

表示範囲としました。ここでも、都市部などの一般駅における駅周辺案内図の標準的な表示範囲は、駅を中心に1km四方程度が適当と考えます。それ以遠に主要な施設等がある駅では、その分、表示範囲を広げて設定することになります。

　ターミナル駅では、さまざまな都市施設がその周辺に集積している場合が多く、一般駅より歩行圏が広くなっているのが普通です。ただ大きなターミナル駅であっても、目的地がかなり遠いと他の交通モードを利用する場合が増えるなどを勘案すると、2km四方を越える歩行圏を持つ駅はあまりないように思われます。

　その他の駅には、例えば駅周辺街区は小さいが、バスやマイカーでアクセスして駅が利用されているなど、個別の条件を持つ駅があります。これらの駅では、駅周辺案内図に代えて広域案内図を整備するなど、それぞれの条件に応じた表示範囲を工夫する必要があります。

　b) 駅周辺案内図の読み取りやすい縮尺は、描かれる幅員の狭い道路等が視認位置から確実に見分けられるかという判断から割り出します。標識令による地図標識では、幅員3m以上の道路の形状を表すこととし、3m幅員の道路を3mm幅、すなわち縮尺1/1000で描くことを推奨しています。ここでも、縮尺1/1000を標準的な作図法と考えます（図をデフォルメして描く表現手法もありますが、ここでは市販地図をトレースする方法を前提としています）。

　c) 駅構内に設置できる外形上の制約も考慮に入れると、駅周辺案内図の表示範囲、図の縮尺、表示面の大きさの目安は、次のように示すことができます。

駅の種類	表示範囲	図の縮尺	表示面の大きさ
一般駅	1km四方〜1.25km四方	1/800〜1/1000	1250mm角程度
ターミナル駅	1.5km四方〜1.8km四方	1/1000〜1/1200	1500mm角程度

2 駅周辺案内図の表示情報の選択基準と同定表示の方法

　標識令による地図標識の表示情報の選択基準と同定表示の方法を参考にして、駅周辺案内図におけるそれらを整理すると、以下のように示すことができます。

	情報内容		情報選択と同定表示の方法
街区・道路・地点	地勢等	山、湾、島、半島、河川、湖、池、堀、港、埠頭、運河、桟橋	・駅周辺案内図における表示情報の選択と同定表示の基準は、国土地理院1万分1地形図（以下「地理院図」という）に名称が記載されている規模や認知度であることを基本的な根拠とする。 ・左記のうち地理院図に名称記載のある対象を選択し、その名称を表示する。

街区・道路・地点	街区等	市、区、町、街区	・都道府県名、指定都市名、郡市名、特別区名、町村名は、表示範囲が界を跨ぐ場合を除き、表示しない。 ・町(丁)名、大字名、丁目名、字名は表示する。 ・地番及び街区符号の枝番は表示しない。 ・住居表示の「番」は表示し「号」は表示しない。
	道路	高速道路、国道、都道府県道、有名な通称名のある道路	・地理院図に名称記載のある対象を選択し、その名称を表示する。地理院図に通称名がある場合、それを表示する。 ・国道には標識令による国道番号マークを表示する。 ・主要道路の端部に、至る地点名又は道路名を表示する。
	地点	インターチェンジ、有名な交差点、有名な橋、踏切	・地理院図に名称記載のある対象を選択し、その名称を表示する。 ・交差点名称があり、かつ信号機のある交差点には、信号マーク(50頁参照)を表示する。 ・踏切には標識令による踏切マークと「踏切Crossing」を表示する。
	交通施設	駅前広場、駐車場、タクシーのりば、バスのりば	・当該駅の駅前広場名称を表示する。 ・当該駅に付設している駐車場とタクシーのりばにはピクトグラムを表示する。 ・バス路線のルートとバス停マーク、バス停留所名は表示しない。バスターミナルにはピクトグラムと名称を表示する。(地図標識では、バス路線ルート、バス停マーク、停留所名を表示することとしている。)
		鉄軌道路線、鉄軌道駅、旅客船ターミナル、航空旅客ターミナル	・表示範囲にある鉄軌道路線を線状に表し、その名称を表示する。高架部は高架であることがわかるように表現し、トンネル・地下部は破線で表現する。 ・鉄軌道駅、旅客船ターミナル、航空旅客ターミナルにはピクトグラムと名称を表示する。
	旅客施設周辺の移動円滑化設備	公衆便所、エレベーター、エスカレーター、傾斜路	・表示範囲にある対象を選択し、ピクトグラムを表示する。
	情報拠点	有人案内所	・表示範囲にある対象を選択し、ピクトグラムと名称を表示する。
観光・ショッピング施設	観光名所	景勝地、旧跡、歴史的建造物	・地理院図に名称記載のある対象を選択し、ピクトグラムと名称を表示する。
		全国的な有名地	・地理院図に名称記載のある対象を選択し、■(ポイントマーク)と名称を表示する。
		大規模公園	・地区公園(4haを標準)以上の広さのある公園を選択し、ピクトグラムと名称を表示する。 ・広域避難場所には、そのピクトグラムを表示する。

2. コードプランニングの要点

	大規模集客施設	大規模モール	・地理院図に名称記載のある対象を選択し、ピクトグラムと名称を表示する。 ・大規模モールは道路部を黄色に着彩する。
		国際展示場、国際会議場、テーマパーク、大規模遊園地、大規模動物園	・地理院図に名称記載のある対象を選択し、■と名称を表示する。
	ショッピング施設	大型商業ビル、地下街、百貨店、有名店舗、卸売市場	・地理院図に名称記載のある対象を選択し、ピクトグラムと名称を表示する。
文化・生活施設	文化施設	博物館・美術館	・地理院図に名称記載のある対象を選択し、ピクトグラムと名称を表示する。
		劇場・ホール・公会堂・会議場、公立図書館	・地理院図に名称記載のある対象を選択し、■と名称を表示する。
	スポーツ施設	大規模競技場	・地理院図に名称記載のある対象を選択し、ピクトグラムと名称を表示する。
		体育館・武道館・総合スポーツ施設	・地理院図に名称記載のある対象を選択し、■と名称を表示する。
	宿泊集会施設	ホテル	・地理院図に名称記載のある対象を選択し、ピクトグラムと名称を表示する。
		結婚式場・葬斎場	・地理院図に名称記載のある対象を選択し、■と名称を表示する。
	行政施設	中央官庁又はその出先機関、都道府県庁、市役所、区役所	・表示範囲にある対象を選択し、◎(アイキャッチャーマーク)と名称を表示する。
		警察署、交番	・表示範囲にある対象を選択し、警察署にはピクトグラムと名称を表示する。警察本部にはピクトグラムに代えて■を表示する。交番には名称に代えて「交番」と表示する。
		郵便局	・表示範囲にある対象を選択し、集配局にはピクトグラムと名称を表示する。それ以外の郵便局には名称に代えて「郵便局」と表示する。
		消防署	・表示範囲にある本署の消防署を選択し、■と名称を表示する。
		裁判所、税務署、法務局、運転免許試験所、職業安定所、大使館、領事館	・地理院図に名称記載のある対象を選択し、■と名称を表示する。

医療福祉施設	公立病院、総合病院、大学病院	・地理院図に名称記載のある対象を選択し、ピクトグラムと名称を表示する。
	保健所、福祉事務所、大規模な福祉施設	・地理院図に名称記載のある対象を選択し、■と名称を表示する。
産業施設	放送局、新聞社、大規模な工場、大規模な事務所ビル	・地理院図に名称記載のある対象、及び30階以上のビル、当該駅の出入口が設置されているビルを選択し、■と名称を表示する。
教育研究施設	大学、高等学校、中学校、小学校、大規模なその他の学校、大規模な研究所	・地理院図に名称記載のある対象を選択し、■と名称を表示する。

3 駅周辺案内図に用いるピクトグラム・その他の記号

駅周辺案内図に多く用いるピクトグラムやその他の記号には、次の例などがあります。

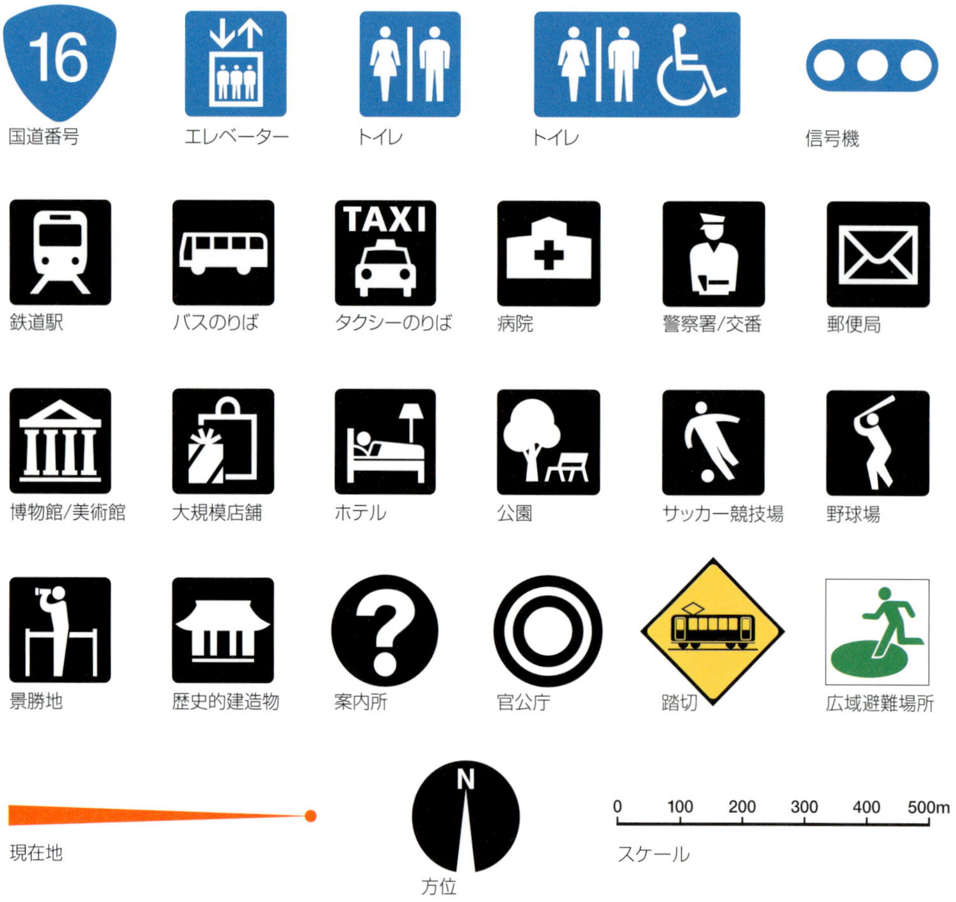

国道番号	エレベーター	トイレ	トイレ	信号機
鉄道駅	バスのりば	タクシーのりば	病院	警察署/交番	郵便局
博物館/美術館	大規模店舗	ホテル	公園	サッカー競技場	野球場
景勝地	歴史的建造物	案内所	官公庁	踏切	広域避難場所

現在地　　　方位　　　スケール

5］可変式情報表示装置に表示する情報内容

可変式情報表示装置に表示する情報内容について、ガイドラインでは次のように示されています。

> ■可変式情報表示装置に表示する情報内容
> ○平常時に表示する情報内容は、発車番線、発車時刻、車両種別、行先など、車両等の運行・運航に関する情報とする。
> ◇車両等の運行・運航の異常に関連して、遅れ状況、遅延理由、運転再開予定時刻、振替輸送状況など、利用者が次の行動を判断できるような情報を提供することがなお望ましい。この場合、緊急時の表示メニューを用意することも有効である。ネットワークを形成する他の交通機関の運行・運航に関する情報も、提供することがなお望ましい。
> ◇異常情報を表示する場合は、フリッカーランプを装置に取付けるなど、異常情報表示中である旨を継続的に示すことがなお望ましい。

LEDなどを用いて表示する可変式情報表示装置は、列車の発車条件に関する情報ばかりでなく、運行異常の発生に関連して、代替行動の指示や規制、あるいは選択肢を示す情報源として注目されています。

従来異常時の情報は案内放送で流されることが一般的でしたが、案内放送のみでは特に聴覚障害者は情報を得ることができません。異常時関連情報のコードプランニングにあたって、案内放送があることを前提とせず、この視覚情報のみで十分状況を理解でき、行動を選択できる内容とすることが求められます。

6］バス乗り継ぎ案内標のコードプランニング

鉄道から他の交通モードへの乗り継ぎのうち、バスへの乗り継ぎをもっとスムーズにできるように案内を充実して欲しい、というニーズが高まっています。しかしバスの接続の仕方にさまざまなケースがある一方、案内の成功例が少なく、そのコードプランニングを解説するには時期尚早と言わざるを得ません。

バス案内のコードプランニングにあたって検討すべき課題には、a）バスのりばの案内方法、b）系統別行先の案内方法、c）系統別発着情報や異常時情報の案内方法などがあります。a）バスのりば案内は行先との関係において示す必要があります。b）系統別行先案内に関連して、系統番号をどのようにコード化すればよいか（漢字は外国人にはわからない）、経由地・終点名の表示をどのように整理すればよいか（なかなか下車停留所を探し出せない）などの検討課題があります。c）発着情報などは運行管理システムを導入しないと現実に表示することはできません。また大規模なバスターミナルに設置例のあるコンピューターを用いた検索システムも、必ずしも使いやすくわかりやすいものになっていないように思われます。

次章にモデルデザインを示しましたので、これらを参考に、各駅の事情に応じた案内方法をさらに工夫することが求められます。

3.
グラフィックデザインの要点

3-1 サイン表示の基本要素

1］書体と表示の大きさ

書体と表示の大きさについて、ガイドラインでは次のように示されています。

■ 表示方法の基本的事項
◇書体は、視認性の優れた角ゴシック体とすることがなお望ましい。
○文字の大きさは、視力の低下した高齢者等に配慮して視距離に応じた大きさを選択する。
◇弱視者に配慮して、大きな文字を用いたサインを視点の高さに掲出することがなお望ましい。

1 角ゴシック体の種類

日本字及びアルファベットの角ゴシック体の種類には、下図のような例があります。一般的に、太めの書体は誘導サインや位置サインなどの見出し用に、また細めの書体はマップ類の表示などに

■ 日本字の角ゴシック体の例

出口案内
［タイプバンクE］

出口案内
［新ゴB］

出口案内
［タイプバンクB］

出口案内
［新ゴM］

出口案内
［タイプバンクDB］

出口案内
［新ゴR］

出口案内
［ナウGB］

出口案内
［平成角ゴシックW5］

使用します。

❷文字の大きさの目安
　文字の大きさについて、ガイドラインの参考では、次のように示されています。

■ 参考：文字の大きさの設定の目安
・遠くから視認する吊下型等の誘導サインや位置サインなどは20m以上、近くから視認する自立型や壁付型等の案内サインなどは4〜5m以下、案内サインの見出しなどは10m程度に視距離を設定することが一般的である。
・次頁の表は、前記の想定のもとに各々の視距離から判読できるために通常有効な文字の大きさを示している。
・遠距離視認用の大きな文字を壁付型などで視点の高さに掲出すれば、弱視者にとっては接近視できるので読みやすい。

■ アルファベットの角ゴシック体の例

Express　　　　**Express**
［ヘルベチカ・ボールド］　　　　［ユニバース65・ボールド］

Express　　　　**Express**
［ヘルベチカ・ミディアム］　　　　［フルティガー・ボールド］

Express　　　　Express
［ヘルベチカ・レギュラー］　　　　［フルティガー・ローマン］

Express　　　　**Express**
［アクチデンツ グロテスク・ミディアム］　　　　［ローティス65・ボールド］

Express　　　　Express
［アクチデンツ グロテスク・レギュラー］　　　　［ローティス55］

■ 文字の大きさ設定の目安

視距離	和文文字高	英文文字高
30mの場合	120mm以上	90mm以上
20mの場合	80mm以上	60mm以上
10mの場合	40mm以上	30mm以上
4〜5mの場合	20mm以上	15mm以上
1〜2mの場合	9mm以上	7mm以上

東西線
Tōzai Line
■ 視距離1〜2mの場合の最小文字高

■ 視距離4〜5mの場合の最小文字高

■ 視距離10mの場合の最小文字高

■ 視距離15mの場合の最小文字高

■ 視距離20mの場合の最小文字高

3. グラフィックデザインの要点

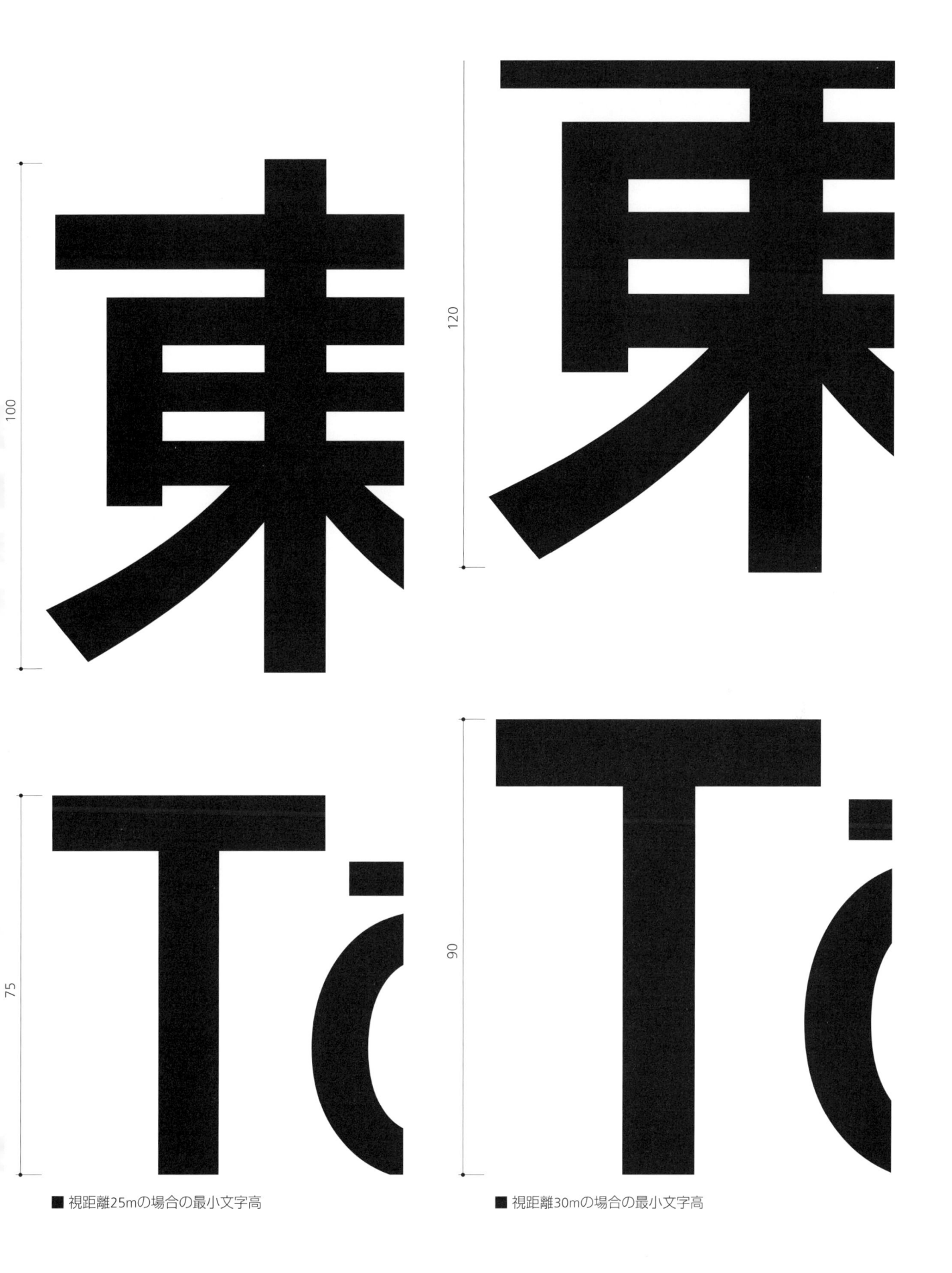

■ 視距離25mの場合の最小文字高　　　　　　　　　■ 視距離30mの場合の最小文字高

3 ピクトグラムの大きさの目安

　ピクトグラムの大きさについて、交通エコロジー・モビリティ財団が発行した『ひと目でわかるシンボルサイン―標準案内用図記号ガイドブック』2001には、下表のように示されています。これを目安に設定すると、標準案内用図記号の中で図形表現が最も細密な「エレベーター」を表すピクトグラムにおいても、通常必要な視認性を確保することができます。

■ピクトグラムの大きさ設定の目安

視距離	基準枠の寸法
40mの場合	480mm角以上
30mの場合	360mm角以上
20mの場合	240mm角以上

視距離	基準枠の寸法
10mの場合	120mm角以上
5mの場合	60mm角以上
1mの場合	35mm角以上

4 ピクトグラムと文字の組み合わせ比率

　ピクトグラムと文字を組み合わせて表示する場合、ピクトグラムの視認性は、文字と同等かそれ以上でなければピクトグラムを用いた効果が発揮できません。そのため上記のピクトグラムと文字の大きさ設定の目安に従って、例えば視距離20mの場合、ピクトグラムを240mm角、和文文字高を80mm、英文文字高を60mmとするなど、視距離に基づいて、ピクトグラムに十分な大きさを確保することが基本的な留意点です。

　『標準案内用図記号ガイドブック』で解説されているように、ピクトグラムと文字を組み合わせる場合、「きっぷうりば」や「案内所」などのように、文字によってピクトグラムが表す意味を説明する場合（ピクトグラムの普通名詞的用法）と、「〜線」や「〜病院」などのように、ピクトグラムによって何に関する情報であるかをまず伝えて、文字によって施設等の固有名称を伝える場合（ピクトグラムの固有名詞的用法）があります。後者の場合、文字による名称表示が意味を伝達する決定的なコードになりますので、文字の比率をいくぶん強める必要が生じる場合があります。

　ピクトグラムの固有名詞的用法においては、［ピクトグラム：和文文字高：英文文字高］の比率を、［3：1：0.75］から［2.25：1：0.75］程度の幅の中で設定することが、現実的な方法と考えられます。これ以上ピクトグラムの相対的な大きさを小さくすると、ピクトグラムの視認性能が文字より落ちて、一見してわかるピクトグラムの利点が生かされないことになります。

3. グラフィックデザインの要点

■ ピクトグラムと文字の組み合わせ比率の例

東西線
Tōzai Line

3a | a / 0.25a / 0.75a

東西線
Tōzai Line

2.5b | b / 0.25b / 0.75b

東西線
Tōzai Line

2.25c | c / 0.25c / 0.75c

2］色彩の組み合わせと対比

色彩の組み合わせと対比について、ガイドラインでは次のように示されています。

■表示方法の基本的事項
○高齢者に多い白内障に配慮して、青と黒、黄と白の色彩組み合わせは用いない。
◇サインの図色と地色の明度の差を大きくすること等により容易に識別できるものとすることがなお望ましい。

1 注意すべき色彩の組み合わせ

色彩どうしを組み合わせて用いる場合、「青と黒」、「黄と白」、「グレーとグレー」の組み合わせなどは避けなければなりません。

「青と黒」は、黒地に青のピクトグラムを用いた男子トイレの表示などでよく使われていますが、青も黒も共に明度が低く、読みづらい色彩組み合わせの代表例です。

色彩の属性には、明度、彩度、色相の三要素があり、色相（色合い）によって工業的に再生できる彩度にバラツキがあります。赤から黄は彩度段階で14程度まで得ることができますが、緑から青は10程度が最大です（マンセル表色系では彩度を理論的に0～20としています）。青はもともと黒を含む色のため高彩度を得られず、彩度が0の黒に近い色相であることも「青と黒」が識別しにくい理由です。

白内障は水晶体の黄変化と白濁に特徴があり、従って「黄と白」の識別がつかなくなります。この組み合わせは避けなければなりません。

一般施設でよく見かける読みづらいサインの例に、下図のような「グレーとグレー」の組み合わせがあります。まず表示面のベース色（地色）のグレーが周辺環境との対比が少なく、サインの存在そのものが識別しにくくなっています（誘目性の不足）。さらにベースの地色と表示要素の図色の対比が少なく、情報内容が読みづらいものになっています（視認性の不足）。サインシステムの色彩を設定するうえで、表示面内の視認性に配慮すると同時に、周辺環境の中の誘目性にも配慮する必要があります。

■ 不適切な色彩対比の例

2 図色と地色の明度対比

　ピクトグラムや文字などの図形を誘導サインや位置サインに表示する場合、ポジ表現（高明度色の地に低明度色の図形を表現する方法）またはネガ表現（低明度色の地に高明度色の図形を表現する方法）の図色と地色（または図形色と背景色）は、無彩色・有彩色を問わず、下図のように明度スケールで5段階以上の明度差を確保すると、容易に識別しやすくなります。

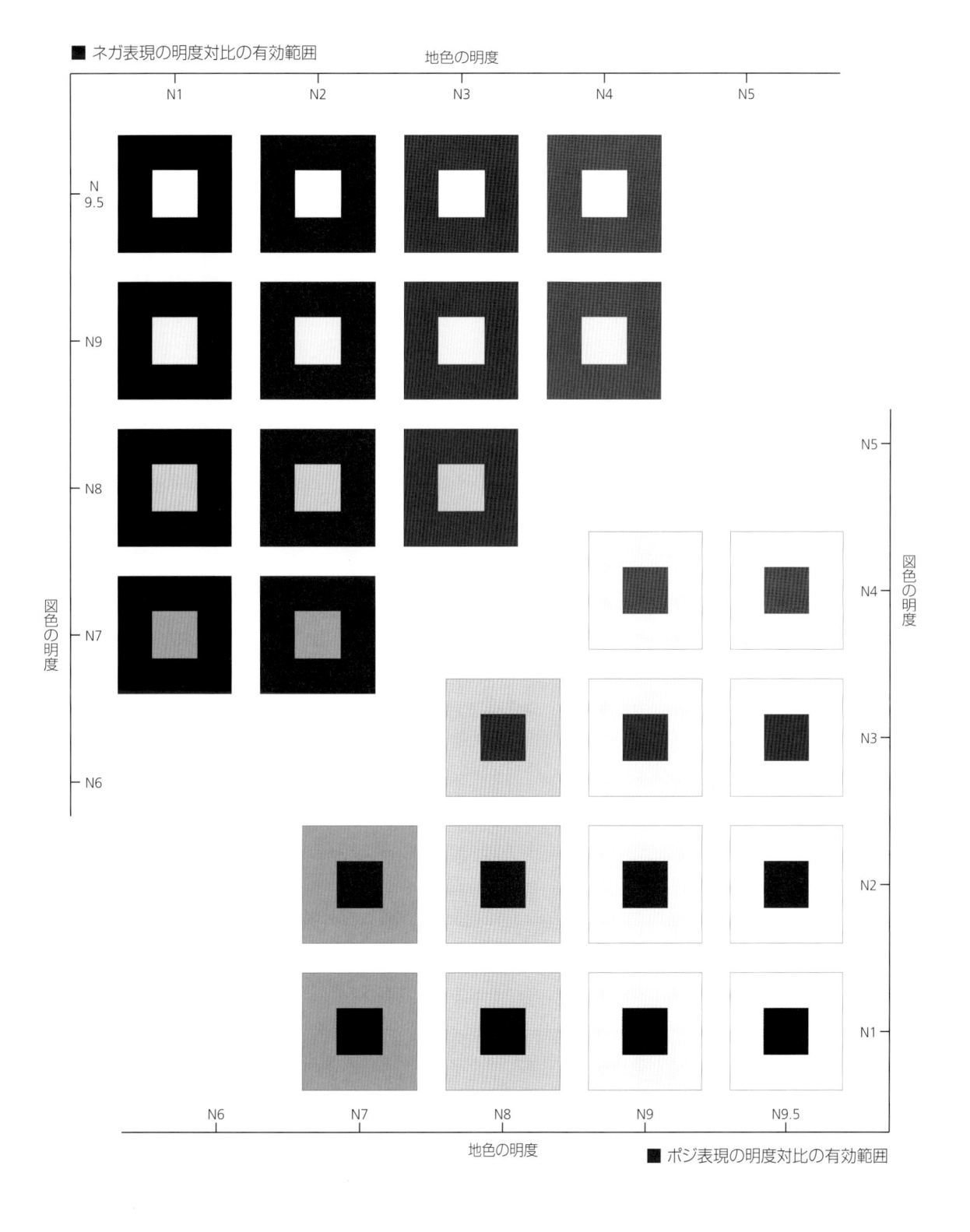

■ ネガ表現の明度対比の有効範囲

■ ポジ表現の明度対比の有効範囲

3-2 誘導サイン・位置サインのグラフィックデザイン

1] 基本的事項
誘導サイン・位置サインの表示面のデザインについて、ガイドラインでは次のように示されています。

■表示面のデザイン
◇誘導サイン類及び位置サイン類はシンプルなデザインとし、サイン種類ごとに統一的なデザインとすることがなお望ましい。

2] レイアウトの基本形
誘導サインの誘導方向が「←」又は「→」の場合、表示要素全体をそれぞれの誘導方向に寄せるレイアウトを基本形とします。また「↑」又は「↓」の誘導サインと位置サインの場合、表示要素全体を表示面のセンターに置くレイアウトを基本形とします。このようにレイアウトすることで、向かうべき方向や同定している状況を、直観的に理解しやすくすることができます。

いずれの場合でも、表示要素以外に余白のあることが重要で、その余白がサイン自体の誘目性と、誘導方向の理解度を高めることに機能しています。

なお下図の例では、ISOの推奨に従い、ピクトグラムの表示位置を矢印のすぐ脇としています。

■「←」レイアウトの基本形

■「→」レイアウトの基本形

■「↑」レイアウトの基本形

■「↓」レイアウトの基本形

■位置サインレイアウトの基本形

3. グラフィックデザインの要点

3］1つの表示面に複数の情報を表示する場合

乗換駅などで、1つの矢印で複数の路線を誘導する場合、鉄道のピクトグラムは固有の意味を持っていないため、路線ごとに表示する必要はありません。一方路線シンボルを用いる場合、当然のことながら路線ごとに固有のシンボルを表示することになります。

またターミナル駅などで、1つの表示面に複数の誘導方向を表示する場合、表示要素の各々がどの矢印にかかわる情報であるのかを明確にするために、誘導方向ごとの表示要素を十分に離してレイアウトする必要があります。この点への注意を怠っている不適切な事例は、全国でかなりな数に上ります。（誘導方向ごとに器具を分離する方法が望まれますが、大規模な駅ほど器具台数を減らしたい要請が高まる傾向があります。）

■ 1方向2情報のレイアウト例

■ 1表示面2方向のレイアウト例

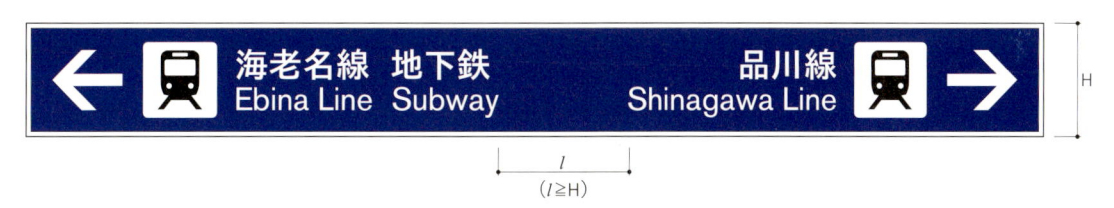

4］目的施設までの距離表示

ターミナル駅などで目的施設が遠い場合、当該施設までの距離を併記することが望まれます。ただし表示面を大きくしない条件下で情報量をふやすと、文字の大きさ等が圧迫されて視認性が落ちる可能性が高いため、サインの配置間隔を狭めるとともに、移動距離が100mを超えるような場合に適用するのが、現実的な対応と考えられます。

■ 距離表示の例

5］エレベーターへの誘導サイン

　エレベーターの設置位置が主動線から外れる場合、その位置から、それまで辿ってきた改札入口誘導標や駅出口誘導標など主動線を形成するサインと共通のグラフィック上に、エレベーターを経由してその目的施設へ行ける旨を表示する必要があります。またホーム上など、主動線を形成するサインの少なくなった場所では、一定間隔でエレベーターへの補助的な誘導サインを掲出する必要があります。その際同じ誘導サインの中にエスカレーターの方向も指示すると利便性が高まります。さらにエレベーターの出入口には、そのエレベーターがどこへ行くのか、行先を明示することが必要です。

　下図の例では、エレベーターとエスカレーターのピクトグラムを強調するために、太い枠線で囲むデザインとしています。

■ エレベーターを経由する改札入口誘導標・駅出口誘導標の例

■ エレベーター間近のエレベーター誘導標の例

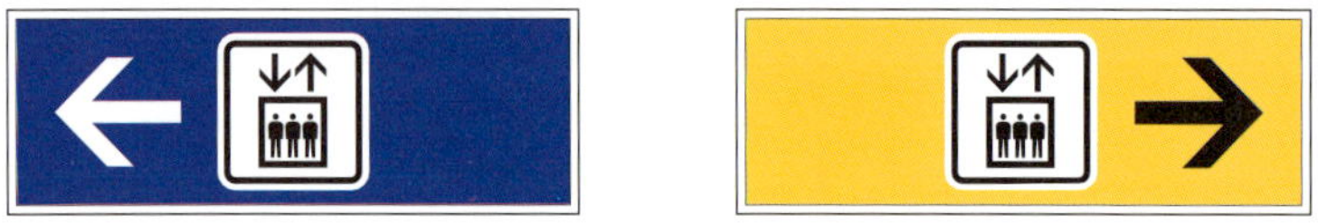

■ エレベーター・エスカレーター補助誘導標の例

■ エレベーター位置標の例

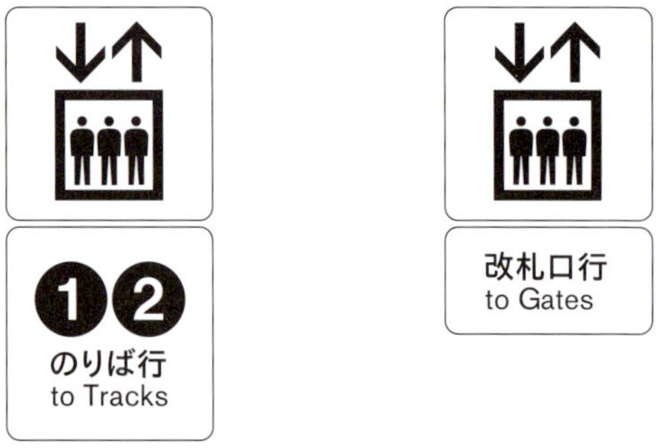

3. グラフィックデザインの要点

6］トイレへの誘導サイン

　トイレへ移動したいニーズは、駅のどこで発生するのか予測することはできません。トイレへの誘導情報も、主動線上のサインと補助的なサインの二つの様式で表示する必要があります。まず多くの利用者は、のりば誘導標や改札出口誘導標など主動線を形成するサインを見て移動していますので、そのサインにトイレへの情報を併記します。またホーム上など、主動線を形成するサインの少なくなった場所では、一定間隔でトイレへの補助的な誘導サインを掲出します。エレベーターやエスカレーターなどの補助誘導サインにトイレへの情報を併記する方法も考えられます。
　下図の例では、トイレのピクトグラムも太い枠線で囲むデザインとしています。

7］多機能トイレの位置サイン

　多機能トイレの位置サインは、ガイドラインに例示されたものを、そのまま再録しています。

■ のりば誘導標・改札出口誘導標にトイレ誘導標を併記する例

■ トイレ補助誘導標の例 　　■ トイレ位置標の例

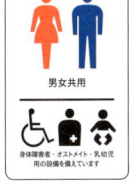

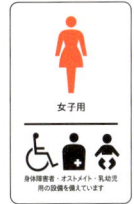

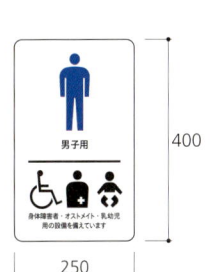

■ オストメイトのピクトグラム

（この図記号のデータ入手については、交通エコロジー・モビリティ財団までお問い合わせください。）

■ 多機能トイレ位置標の例

3-3 案内サインのグラフィックデザイン

1］基本的事項

案内サインの表示面のデザインについて、ガイドラインでは次のように示されています。

> ■表示面のデザイン
> ◇案内サイン類はシンプルなデザインとし、サイン種類ごとに統一的なデザインとすることがなお望ましい。
> ◇構内案内図や、表示範囲が徒歩圏程度の旅客施設周辺案内図の図の向きは、掲出する空間上の左右方向と、図上の左右方向を合わせて表示することがなお望ましい。
> ◇表示範囲が広域な旅客施設周辺案内図の図の向きは、地理学式に北を上にして表示することがなお望ましい。

そのほか構内案内図や駅周辺案内図などのマップ類では、必ず現在地、方位、スケールを明瞭に示す配慮が必要です。

2］エレベーター入口案内図

地下駅や橋上駅のエレベーターのない出入口で、エレベーターのある入口を案内する図を掲出する必要があります。この図のデザイン上の留意点として、次のことなどが指摘できます。

1. 図の向きや方向がすぐにわかるように、現在地から見渡して見える特徴的な施設等を、図上に表現する（下図の例では、高架橋と交番を目立たせて表現した）。
2. 図の向きを、掲出する空間上の左右方向と図上の左右方向を合わせて表示する。
3. エレベーターへの移動経路を赤の矢印線で表示する（下図の例では、地下鉄の出入口2から出入口1へ移動経路を示している）。

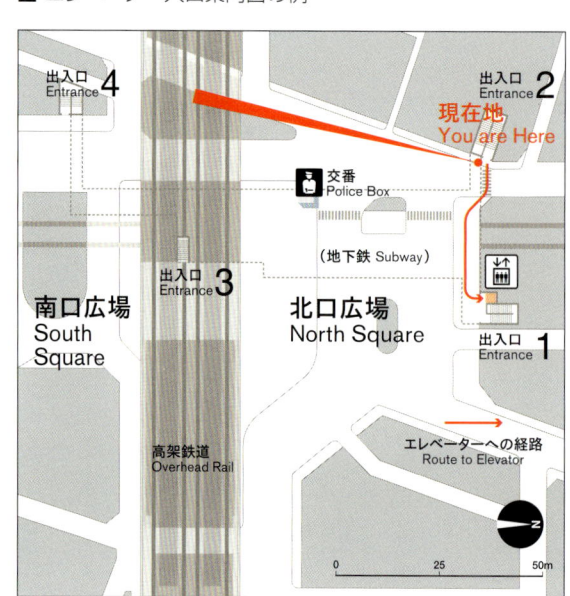

■エレベーター入口案内図の例

（600×600, Scale=1/8）

3］構内案内図

　構内案内図には、駅出入口付近に設置する入場動線用と、ラチ内コンコースに設置する出場動線用の2種類があります。この図のデザイン上の留意点として、次のことなどが指摘できます。

1. 表示範囲、図の大きさ、同定表示の方法などは、前章の解説に従って設定する。
2. 入場動線用と出場動線用で、それぞれの進行方向にある施設等がより明瞭に見えるように描き方を工夫する（下図の例では、入場動線用では現在地と同一平面上にある高架鉄道のコンコースを詳述し、出場動線用では地下鉄のコンコース及び駅前広場、来訪者の多い周辺商店街を表示している）。
3. 図の向きを、掲出する空間上の左右方向と図上の左右方向を合わせて表示する。
4. 構内にあるトイレは、入場・出場の区別なく全て表示する。
5. バリアフリー経路を赤の矢印線で表示する。

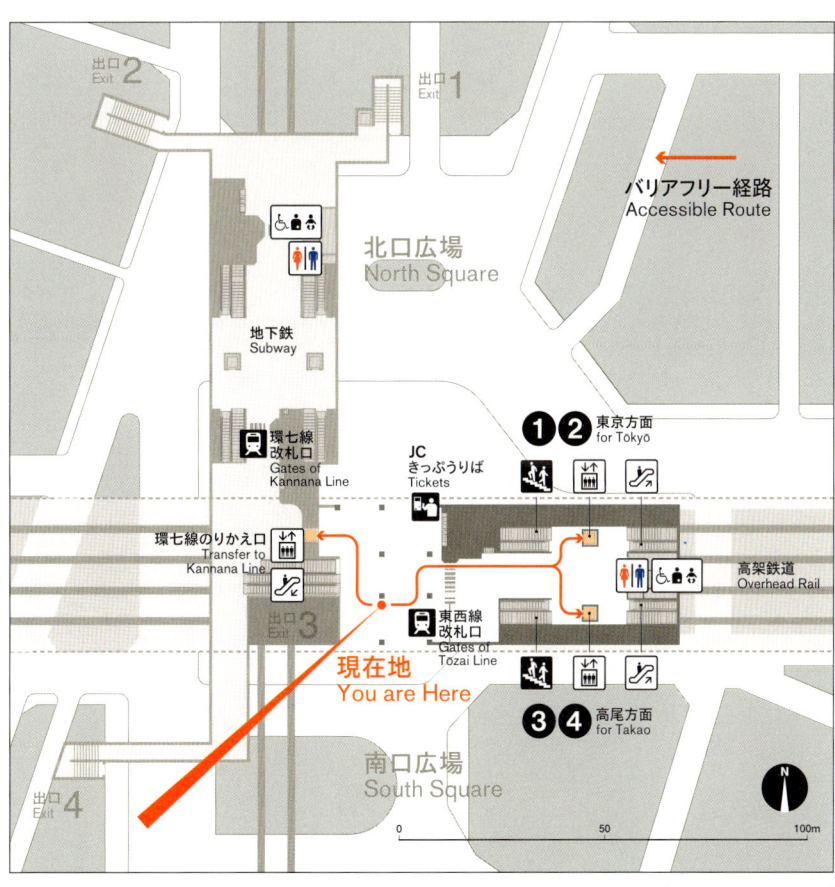

■ 構内案内図・入場動線用の例

（900×900, Scale=1/8）

■ 構内案内図・出場動線用の例

（900×900, Scale=1/8）

4］駅周辺案内図

　この図のデザイン上の留意点として、次のことなどが指摘できます。
1. 表示範囲、図の大きさ、同定表示の方法などは、前章の解説に従って設定する。
2. 形状図作成にあたって、国土地理院1万分1地形図を参照する。
3. 同定表示のピクトグラムや文字を読みやすくすることが最も重要と認識し、文字等の大きさ設定や色彩対比に十分注意する（本章1節参照）。
4. 道路を白抜きにして敷地をベージュなどの色面で構成すると、区域が読み分けやすくなる。ただし敷地色面が薄すぎると弱視者には識別できなくなり、濃すぎると文字等が読みづらくなる。敷地は明度7〜8程度の色面で描くのが適当と思われる。
5. 大規模モールの道路は黄色とし、緑地や水域には、それとわかりやすい色彩を使用する。
6. 通常の駅周辺案内図の場合、図の向きを、掲出する空間上の左右方向と図上の左右方向を合わせて表示する。

3. グラフィックデザインの要点

■ 駅周辺案内図の例

(1250×1250, Scale=1/8)

■ 使用文字モジュール　Scale=1/1

5］停車駅案内標

　ラチ内コンコースののりばへの動線分岐点やホーム階段の昇降口で、またホーム上の階段付近で、停車駅案内標を掲出する必要があります。これは、主要な停車駅名を表示するのりば誘導標や列車運行情報を表示する可変式情報表示装置を補完して、行先方面ごとの全ての停車駅を案内するものです。この案内標のデザイン上の留意点として、次のことなどが指摘できます。

1. 行先方面ごとに表示面を区分するなど、途中停車駅がどの進行方向にあるのかすぐにわかるように表示する。
2. 当駅をまず発見しやすいように表示し、途中駅の順番が読み取りやすいように表示する。
3. 駅ごとののりかえ情報、当駅からの所要時間などを表示する。その際どの駅についての情報なのか誤読されないように留意する。
4. 普通、急行、特急などの列車種別がある場合、種別ごとの停車駅がわかるように表示する。

■ 停車駅案内標の例

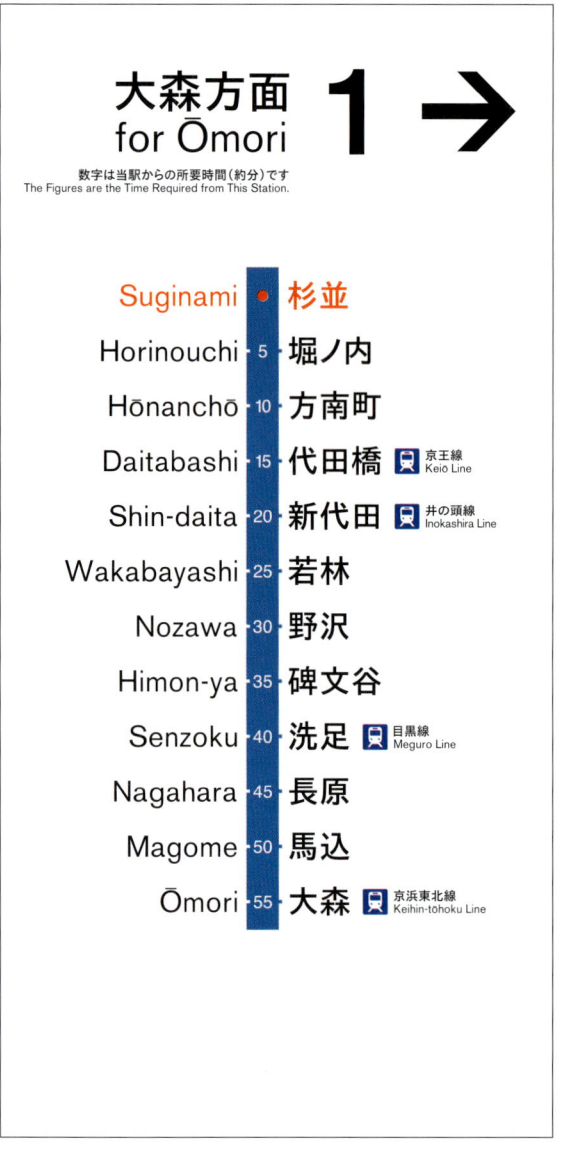

← 2　赤羽方面　for Akabane

数字は当駅からの所要時間（約分）です
The Figures are the Time Required from This Station.

Suginami	●	杉並
Nogata	5	野方　西武新宿線 Seibu Shinjuku Line
Toyotama	10	豊玉
Shin-sakuradai	15	新桜台　有楽町線 Yūrakuchō Line
Minami-tokiwadai	20	南常盤台
Itabashi-honchō	25	板橋本町
Kami-jūjō	30	上十条
Akabane	35	赤羽　埼京線・京浜東北線・宇都宮線・高崎線 Saikyō Line, Keihin-tōhoku Line, Utsunomiya Line, Takasaki Line

大森方面　for Ōmori　1 →

数字は当駅からの所要時間（約分）です
The Figures are the Time Required from This Station.

Suginami	●	杉並
Horinouchi	5	堀ノ内
Hōnanchō	10	方南町
Daitabashi	15	代田橋　京王線 Keiō Line
Shin-daita	20	新代田　井の頭線 Inokashira Line
Wakabayashi	25	若林
Nozawa	30	野沢
Himon-ya	35	碑文谷
Senzoku	40	洗足　目黒線 Meguro Line
Nagahara	45	長原
Magome	50	馬込
Ōmori	55	大森　京浜東北線 Keihin-tōhoku Line

（1800×900, Scale=1/12）

6］ホーム上の移動円滑化設備位置案内図

　ホーム上で補助的なエレベーター・エスカレーター誘導標、トイレ誘導標を掲出する必要があることは前節で述べたとおりです。さらにホーム上にエレベーター・エスカレーター・トイレの位置を図示する移動円滑化設備位置案内図を掲出することが望まれます。このサインは、駅周辺施設列記式改札出口誘導標に併記すると、利用者が求める出場動線上の情報を一度に表示することができます。

　この2種におけるデザイン上の留意点として、次のことなどが指摘できます。

1. 移動円滑化設備位置案内図は、通常の駅構造のホーム上では、断面図のほうがシンプルに表示できる。この図には、バリアフリー経路を赤の矢印線で表示する。
2. 移動円滑化設備の連続的な利用をホーム上で判断できるように、改札出口誘導標の駅周辺施設情報を表示している駅出口ごとにエレベーター・エスカレーターの有無を表示する。

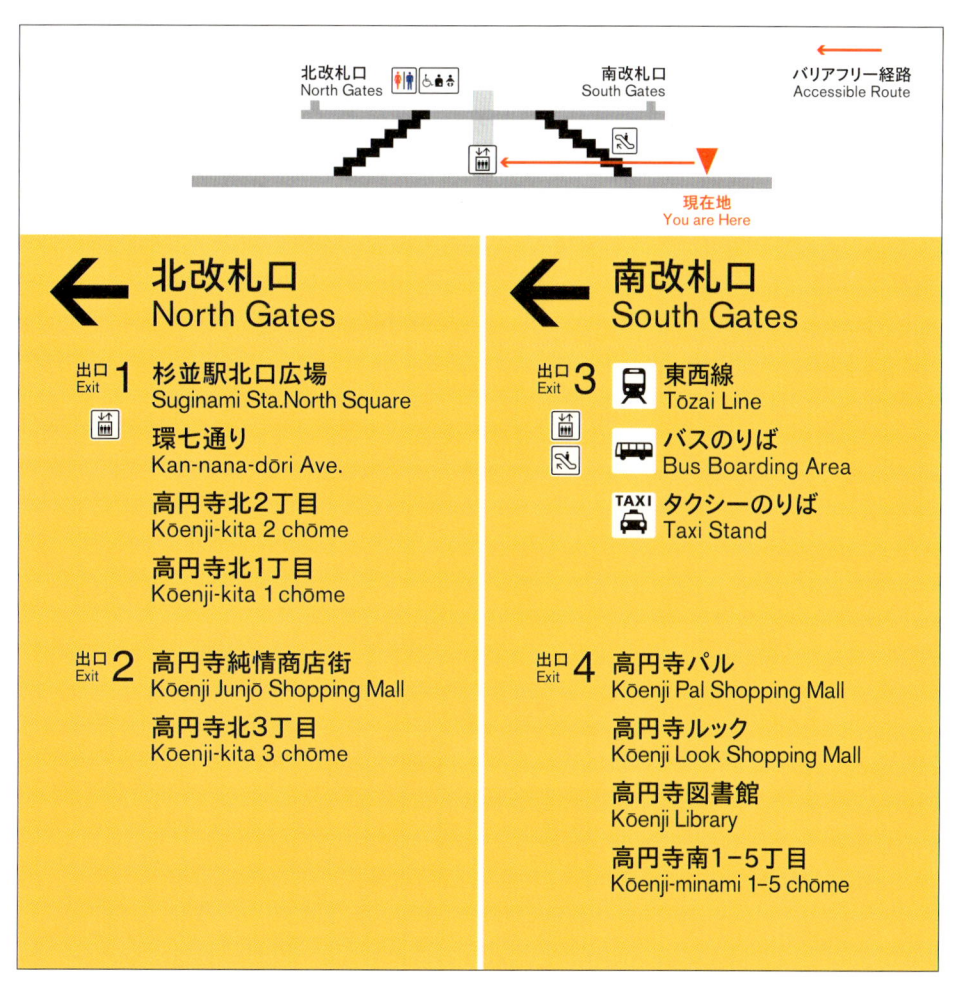

■ 移動円滑化設備位置案内図 ＋ 駅周辺施設列記式改札出口誘導標の例

（1250×1250, Scale=1/10）

7］バス乗り継ぎ案内標

　駅前で2、3のバス路線と接続している駅から、数十のバス路線が集まっているターミナル駅まで、バスの接続の仕方にさまざまなケースがあるため、ここで一定の案内方式を示すことはできませんが、9～10系統程度までの乗り継ぎの場合、鉄道改札口を出た辺りに下図下段のような系統別行先案内標やバスのりば案内図を一体的に整備すると、バスのりばへの移動を迷わず行えるようになります。さらに上段のような可変式情報表示装置を掲出すると、よりスムーズにバスに乗り継ぐことができます。下図の例では、少し離れた位置から視認できる表示装置を上段に、近寄って視認する案内標・案内図を下段に配置しました。また3種の図表の関連性を表現するために、バスのりば番号の表示方法を共通にしています。

■ バス乗り継ぎ案内標の例

（1400×1250, Scale=1/10）

4.
配置計画の要点

4-1 遠くから視認するサインの配置方法

1］基本的事項

遠くから視認されることの多い誘導サイン・位置サインの配置方法について、ガイドラインでは次のように示されています。

> ■表示面の向きと掲出高さ
> ○誘導サイン類及び位置サイン類の表示面は、動線と対面する向きに掲出する。
> ○誘導サイン類及び位置サイン類の掲出高さは、視認位置からの見上げ角度が小さく、かつ視点の低い車いす使用者でも混雑時に前方の歩行者に遮られにくい高さとする。
> ◇動線と対面する向きのサイン2台を間近に掲出する場合、手前のサインで奥のサインを遮らないように、2台を十分離して設置することがなお望ましい。
> ■配置位置と配置間隔
> ○経路を明示する主要な誘導サインは、出入口と乗降場間の随所に掲出するサインシステム全体のなかで、必要な情報が連続的に得られるように配置する。
> ○個別の誘導サインは、出入口と乗降場間の動線の分岐点、階段の上り口、階段の下り口及び動線の曲がり角に配置する。
> ◇長い通路等では、動線に分岐がない場合であっても、誘導サインは繰り返し配置することがなお望ましい。
> ○個別の位置サインは、位置を告知しようとする施設の間近に配置する。

2］表示面の向きと器具サイズ・モジュール

誘導サイン・位置サインの表示面は、動線と対面する向きに、すなわち歩行者の視線の正面にあって、視軸と表示面が直角に近い角度で交わるように、掲出します。一般的には、この条件を満たすために、通路の横断方向に吊り下げ型や突き出し型、ボーダー型の形式を用いて、サインを設置することになります。このような形式で掲出することで、利用者は立ち止まることなく、歩きながら瞬時に情報を得ることができます。

（ホーム上の情報コーナーや階段踊り場など、視距離を小さく設定せざるを得ない場所では、壁付け型や自立型の形式を用いて、対面視しやすい高さに掲出することになります。）

また表示面のレイアウトは、前章の図例のように一段組みとするのが基本で、表示情報が増えた場合、横手方向に2列、3列と並列に表示します。それに備えて、当該サインシステムの器具サイズに、次頁の図のように予め数種類の長さモジュールを設定しておきます。吊り下げ型等の場合、天井高さや誰もが見やすい空間域の制約から、サイン器具の天地寸法を大きく設定できることは稀なため（次項参照）、表示情報を縦に二段組みや三段組みにする方法は、あまり推奨できません。無理にそのようなレイアウト方法をとると、表示する文字等の大きさが半減して極端に読みづらくなり、歩きながら情報を得ることが不可能になります。

なお、サインシステム計画の議論をしていると、時折、床に描いたらどうかというアイディアが出されます。この方法は、床面上には視界を遮る他の通行者がいる、床面表示では表示面を対面視

することができない、特に車いす使用者は視点が低いため文字等を横から見るようになってしまう、無理に読もうとすると下を向く姿勢となり全体的な空間状況とサインとを同時に視認することができなくなる、床に線を引く方法も移動経路が複雑なためシンプルには整理できないなど、機能的ではなく、利用者の多い公共施設等には不向きと思われます。

■ 対面型サイン配置の例

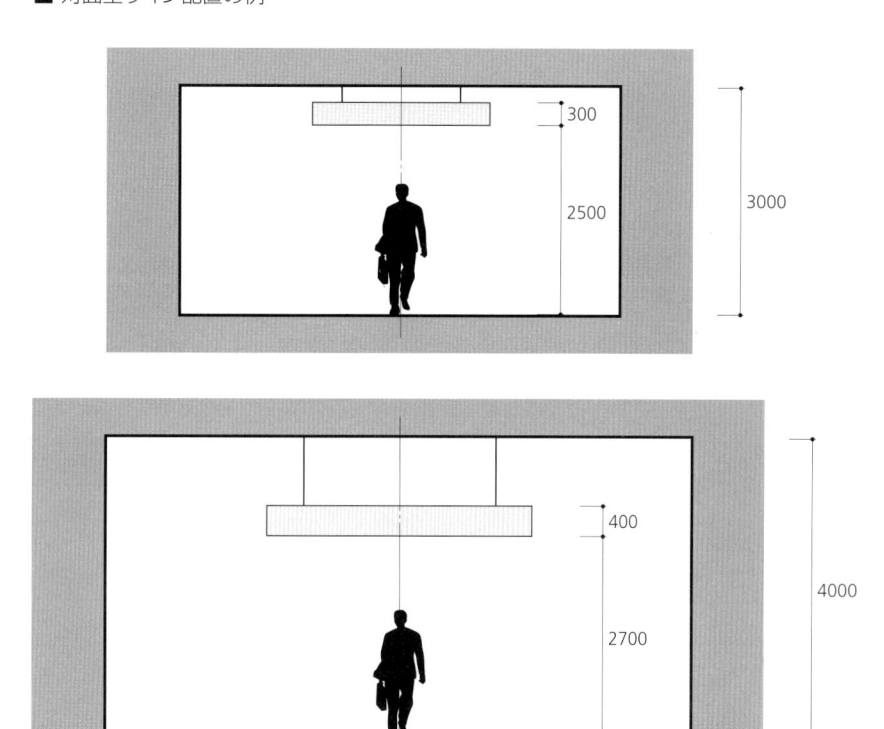

■ 器具サイズ・モジュールの例

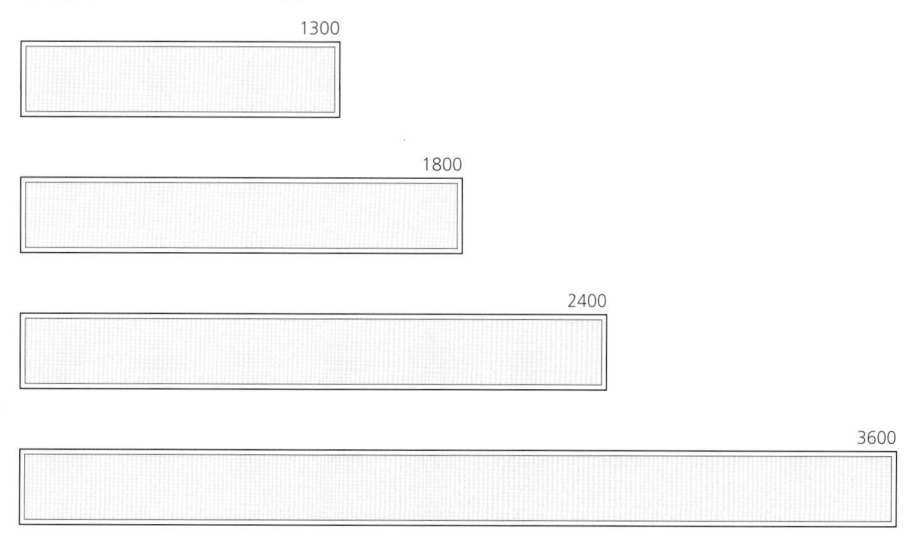

3］掲出高さの目安

遠くから視認するサインの掲出高さについて、ガイドラインの参考では次のように示されています。

■参考：遠くから視認するサインの掲出高さの考え方
・移動している場合、一定の高さ以上にあるものは視野に入りにくい。一般には仰角（水平からの見上げ角度）10°より下が有効視野に入る範囲といわれている。また旅客施設では視認者の前方に視界を遮る他の通行者がいると考えるべきで、その通行者より上が遮蔽するものがない見やすい範囲である。
・車いす使用者の視点は低いので、見やすい範囲は通常の歩行者に比べてかなり狭い。従って一定の高さにあるサインを移動しながら視認できる距離は、極端に小さい。
（・中略要約－視認できる距離が小さいことは、視認できる時間が短いことを意味している。）
・視認可能時間が短いと見落とす確率は高まり、情報を得ることが困難になる。
・このことから、遠くから視認するサインの掲出高さは、視距離に応じた文字の大きさを選択したうえで、視認想定位置から仰角10°より下の範囲内で、極力高くするのが適当である。
注）野呂影勇編「図説エルゴノミクス」1990（日本規格協会）では、瞬時に特定情報を雑音内より受容できる範囲（有効視野）を、上方約8°と記述している。

　吊り下げ型や突き出し型のサインの掲出高さは、これまで一般的には、a）床・壁・天井によって区切られる空間内で視覚的にバランスのよい高さ、b）その下を通行する利用者が圧迫感を感じない高さ、c）スキー板など利用者が持ち歩く携帯品が接触しない高さ、などの判断から決められてきました。ガイドラインによってさらに、d）視認位置から仰角10°より下の範囲内にサインが収まる高さ、e）その条件下でできるだけ高い位置、という条件が加わります。

　ある掲出高さに設定されたサインが仰角10°より下の範囲内に収まるかどうかは、人間の視点の高さはほぼ一定と考えられるので、視認する位置からサインまでの距離、すなわち視距離によって決まります。わが国の鉄道駅では、内部空間が狭く通路に曲折が多いなどの理由から、サインを視距離10m前後の位置から視認しなければならない場合が多いため、掲出高さの基準を考えるうえで、この条件を無視することはできません。

　a）からe）、及び視距離10m前後という条件のもとで、わが国で誘導サイン・位置サインに多く用いられている天地300mmと天地400mmのサイン器具を例にとって、望ましい掲出高さの目安を検討してみると、H300mm器具の掲出高さ（床面から器具下端までの距離）は2500mm前後、H400mm器具の掲出高さは2700mm前後が適当と考えられます。

　因みに、次頁の図のようにH300mm器具を2500mm、H400mm器具を2700mmの高さに掲出してみると、それぞれの器具は、条件のより厳しい車いす座位から10m前後の視距離でも、仰角10°より下の範囲内に収まることがわかります。

注）このガイドブックの人体の寸法は、工業技術院「生命工学工業技術研究所報告」1994の、18歳以上30歳未満青年男女平均1654.7mmに25mmのヒール高さを加えている。車いすの座面高はJIST9201-1987「手動車いす」の中型（400mm）とした。

4. 配置計画の要点

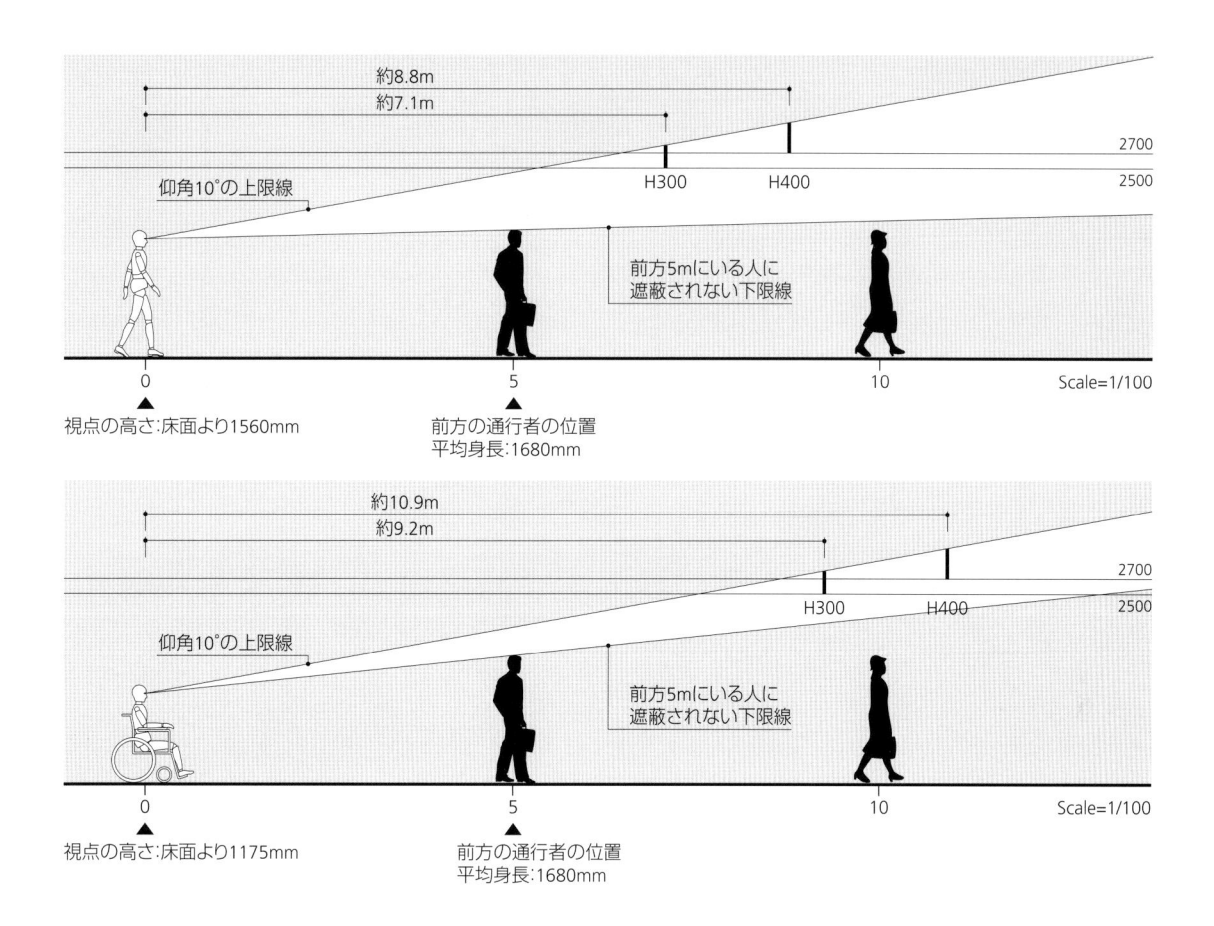

4］サイン間の最小離れ寸法の目安

　吊り下げ型のサイン2台を接近して設置すると、手前のサインで奥のサインが遮られてしまうことが起きます。前項でとりあげた例の場合、下図による検証から、H300mm器具で掲出高さ2500mmの例では10m程度、H400mm器具で掲出高さ2700mmの例では15m程度の離れ寸法を保つと、手前のサインが奥のサインを遮る現象は起きにくいと考えられます。

　特定施設のサインシステム計画においては、個別の条件に基づいて下図のような検証を行い、2台のサイン間の最小離れ寸法を確認する必要があります。

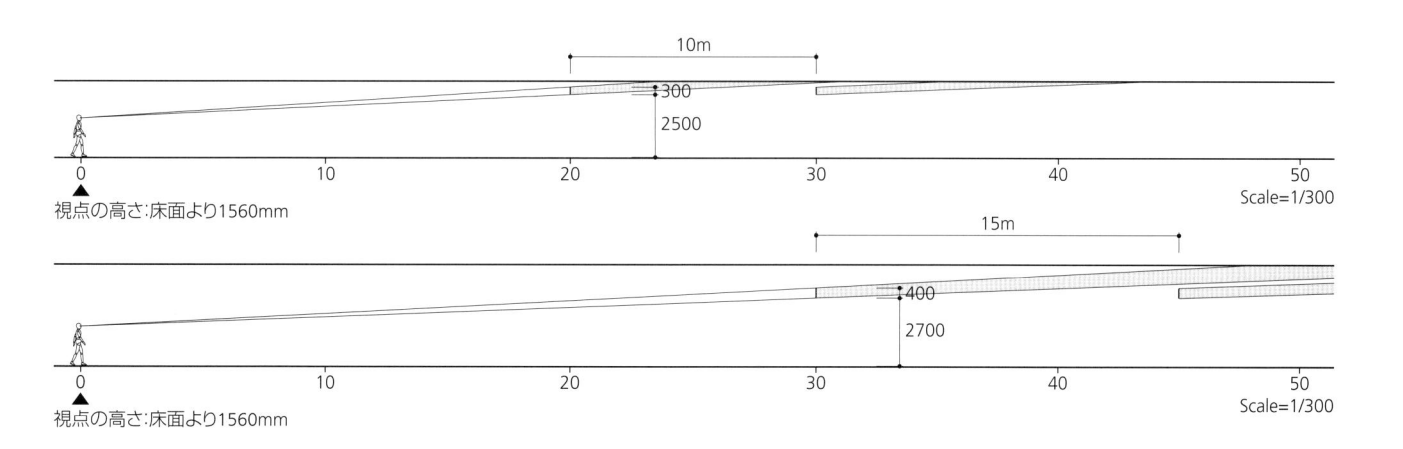

5］配置間隔の目安

経路を明示する主要な誘導サインには、入場動線用の改札入口誘導標、のりば誘導標、のりかえ誘導標、出場動線用の改札出口誘導標、駅出口誘導標、バス・タクシー等のりば誘導標などがあります。これらの情報は、駅出入口からホームまで、あるいはホームから駅出入口まで連続的に辿れるように、一定間隔に繰り返して掲出します。

これらのサインに前項で例示したH300mm又はH400mmの器具を用いるとすると、一般的に

■ H300器具を用いた遠くから視認するサインの配置例

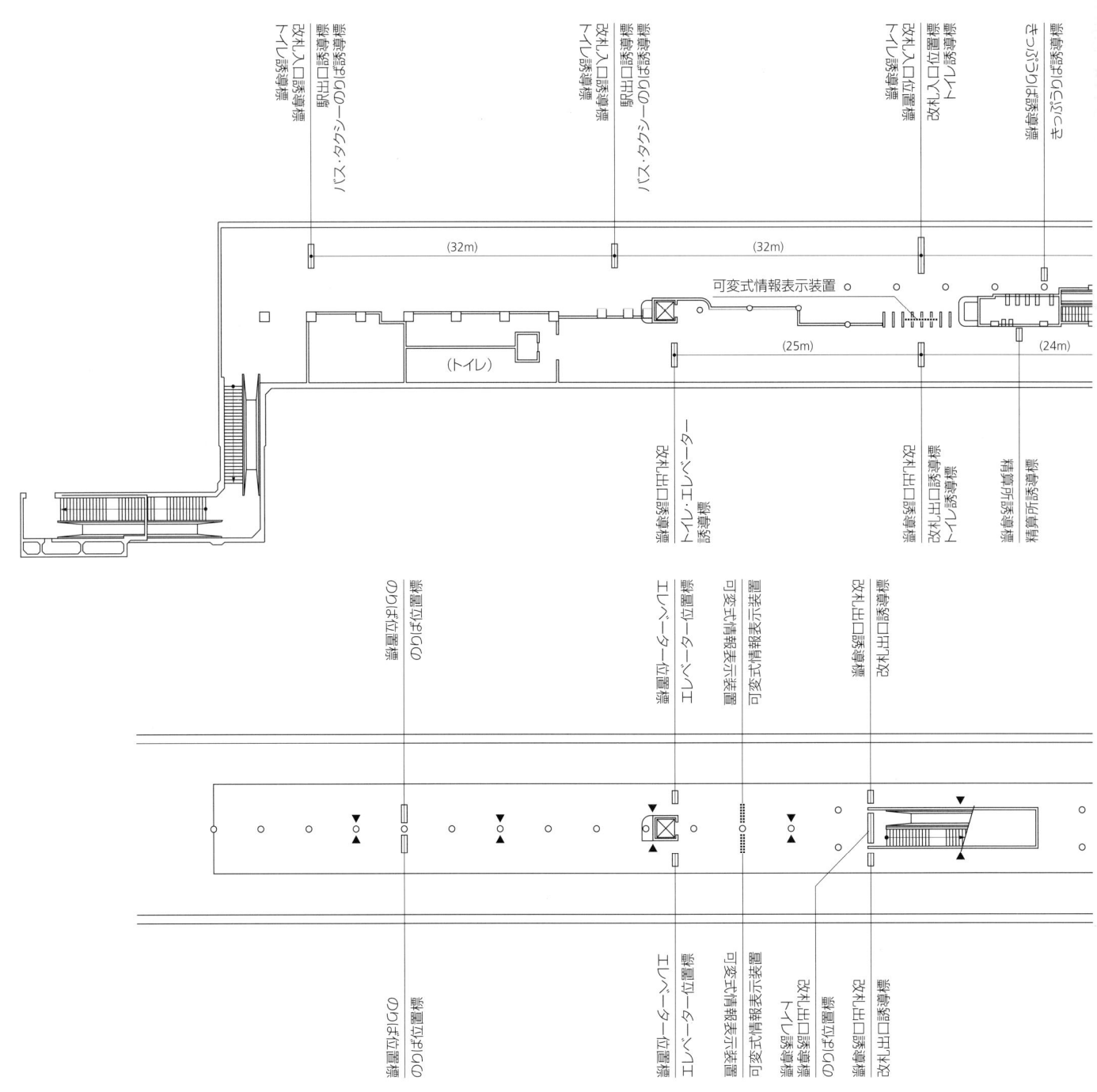

4. 配置計画の要点

視認性の判断からH300mmの器具の場合、和文文字高は80mm程度、またH400mmの器具の場合、和文文字高は120mm程度を設定することになります。和文80mmの有効視距離は20m、和文120mmの有効視距離は30mですから、ひとつのサインの下を通過したら次のサインの存在が確認でき、半分程度近づいたら文字がはっきりと読めることを条件とすると、配置間隔の目安は、H300mm器具では30〜40m程度、H400mm器具では45〜60m程度と考えることができます。

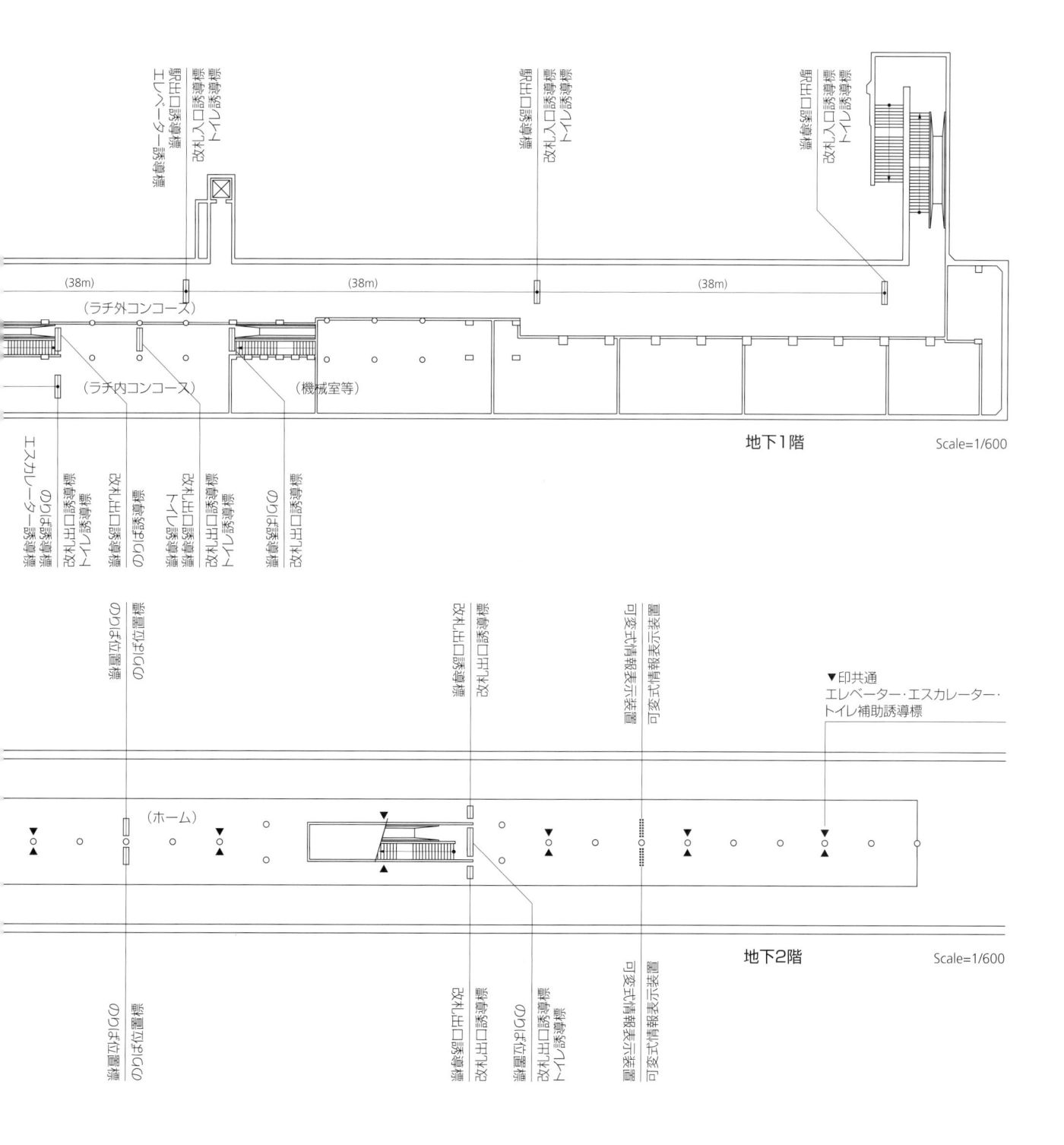

6］階段部のサインの配置方法

　階段の上り口、下り口では、その先に何があるのか見えないため、必ず行先方向を示すサインを配置します。その際矢印は「↑」又は「↓」を使用しますが、空間的な変化と矢印の向きに違和感を生じないように、サインの配置位置は階段端部付近の天井部とします。

　なお階段端部に設置するサインの裏面は、視認されにくいと考えなければなりません。人は普通、階段を上り下りするときは踏み段を目で確認するため、下を向いているからです。階段を上り（下り）きった位置でどうしても伝えたい情報がある場合、階段端部から10m程度前方に、階段端部のサインとは別のサインを、改めて掲出する必要があります。

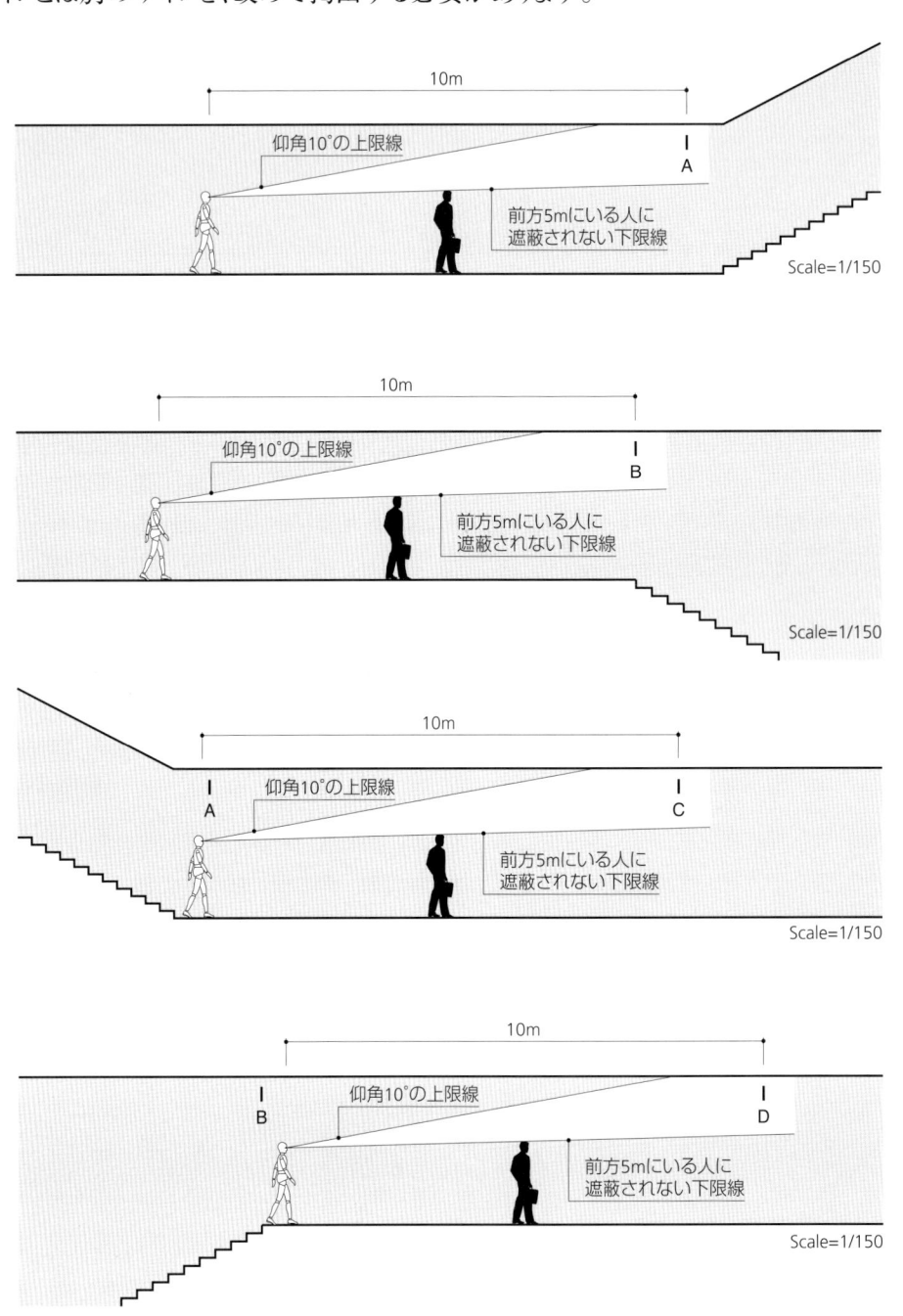

7］動線分岐点のサインの配置方法

サインの配置の仕方を迷う動線分岐点に、a）十字路型、b）U字路型などがあります。

a）十字路型は、例えば複数のホームに至る連絡通路と複数の改札口に至る連絡通路の交差部などにみられます。このような場合、下図のように、サインを十字形に配置して対応しますが、動線ごとに必要な情報を、全て対面視できる表示面にレイアウトする原則を守る必要があります。また左右に振り分ける各々のサインの間をできるだけ広く開けることで、視認すべき表示面が手前にあるサインによって隠れてしまう確率を低くします。

b）U字路型は、例えば主動線上にある大きな階段の踊り場などにみられます。このような場合、下図のように、サインをT字形に配置して対応しますが、視距離を大きくとれない場合が多いため、このサインの掲出高さについて、当該駅の基準値より下げるべきかを確認する必要があります。また同一動線上のサインの表示情報を全て共通とすることを守り、グラフィックレイアウト上、矢印の向きの変化を明確に伝えるよう留意します。

■ 十字路型動線分岐点のサイン配置の例

Scale=1/600

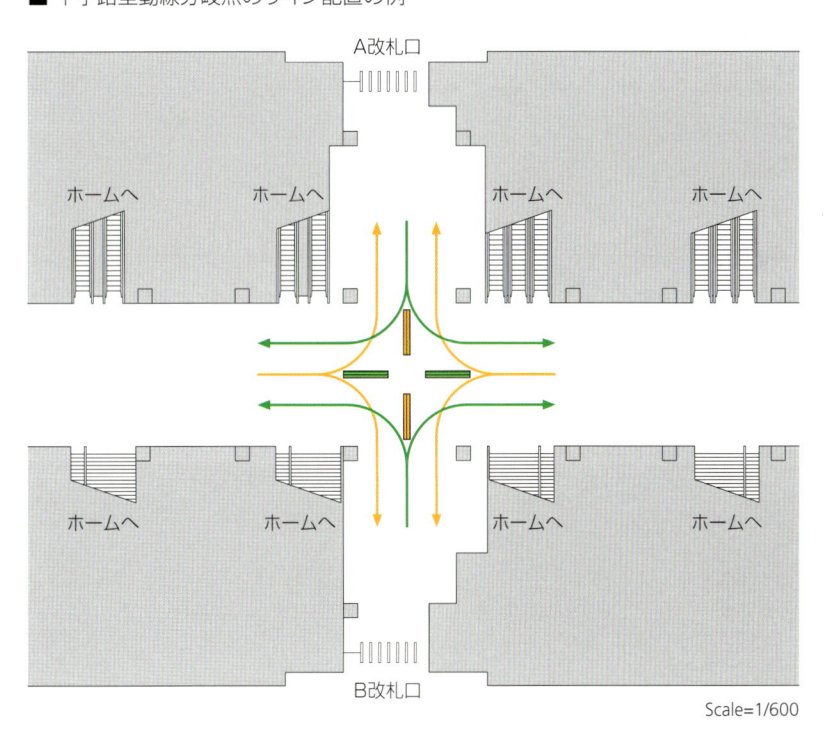

■ U字路型動線分岐点のサイン配置の例

Scale=1/600

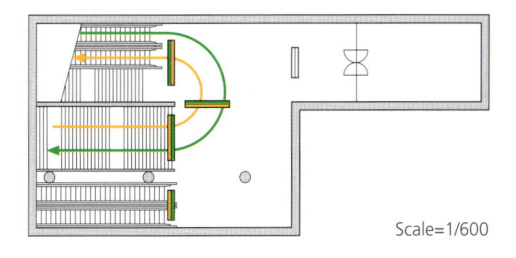

4-2 近くから視認するサインの配置方法

1] 基本的事項

近くから視認されることの多い案内サインの配置方法について、ガイドラインでは次のように示されています。

■表示面の向きと掲出高さ
◇案内サイン類の表示面は、利用者の円滑な移動を妨げないよう配慮しつつ、動線と対面する向きに掲出することがなお望ましい。
◇空間上の制約から動線と平行な向きに掲出する場合は、延長方向から視認できる箇所に、その位置に案内サイン類があることを示す位置サインを掲出することがなお望ましい。
○構内案内図、旅客施設周辺案内図、時刻表などの掲出高さは、歩行者及び車いす使用者が共通して見やすい高さとする。
○運賃表を券売機上部に掲出する場合においても、その掲出高さは、券売機前に並ぶ利用者に遮られないように配慮しつつ、車いす使用者の見上げ角度が小さくなるように、極力低い高さとする。この場合、照明の映り込みが起きないように配慮する。
○券売機上部に掲出する運賃表の幅寸法は、利用者が券売機の近くから斜め横向きでも判読できる範囲内とする。

■配置位置と配置間隔
○構内案内図は、出入口付近や改札口付近からそれぞれ視認できる、利用者の円滑な移動を妨げない位置に配置する。
◇乗り換え経路又は乗り換え口を表示する構内案内図は、当該経路が他の経路と分岐する位置にも配置することがなお望ましい。
◇旅客施設周辺案内図を設ける場合、改札口など出入口に向かう動線が分岐する箇所に設置することがなお望ましい。
◇大規模な旅客施設では、構内案内図などを繰り返し配置することがなお望ましい。
◇コンコースからプラットホームに至る箇所等に、行き先方向ごとに停車駅がわかるよう案内表示をすることがなお望ましい。
◇列車種別ごとの停車駅がわかるよう案内表示をすることがなお望ましい。

2] 掲出高さの目安

近くから視認するサインの掲出高さについて、ガイドラインの参考では次のように示されています。

■参考：近くから視認するサインの掲出高さの考え方
・対面するものを見る場合、車いす使用者が見やすい範囲は、立っている人よりおよそ40cmほど下がっている。
・このことから、近くから見るサインを、立位の利用者と車いす使用者が共通に見やすい範囲に掲出する際の高さは、床面からサイン表示面の中心までの距離を、双方の視点の中間である135cm程度と考えるのが適当である。

この記述内容は、次頁上図のように示すことができます。また上記の考え方に沿った案内サイン等の掲出高さの目安は、次頁下図のようになります。

4. 配置計画の要点

■ 近くから見るサインの掲出高さの考え方

注）下図の通常視野は、日本建築学会編「建築資料集成3集」1980（丸善）による。

立位の視点の高さ：床面より1560mm
車いすの視点の高さ：床面より1175mm

■ 案内サイン等の掲出高さの目安

- 構内案内図
  など

- 駅周辺施設列記式改札出口誘導標
- 駅周辺施設列記式駅出口誘導標
- 時刻表
  など

- 構内案内図
- 駅周辺案内図
- 鉄道ネットワーク図
  など

- 停車駅案内標
  など

・案内サイン等と同様に壁付け型で設置する例が多いエレベーター位置標・トイレ位置標の掲出高さの目安は上図のとおりである。ここではピクトグラムが人の頭に遮られない高さとしている。

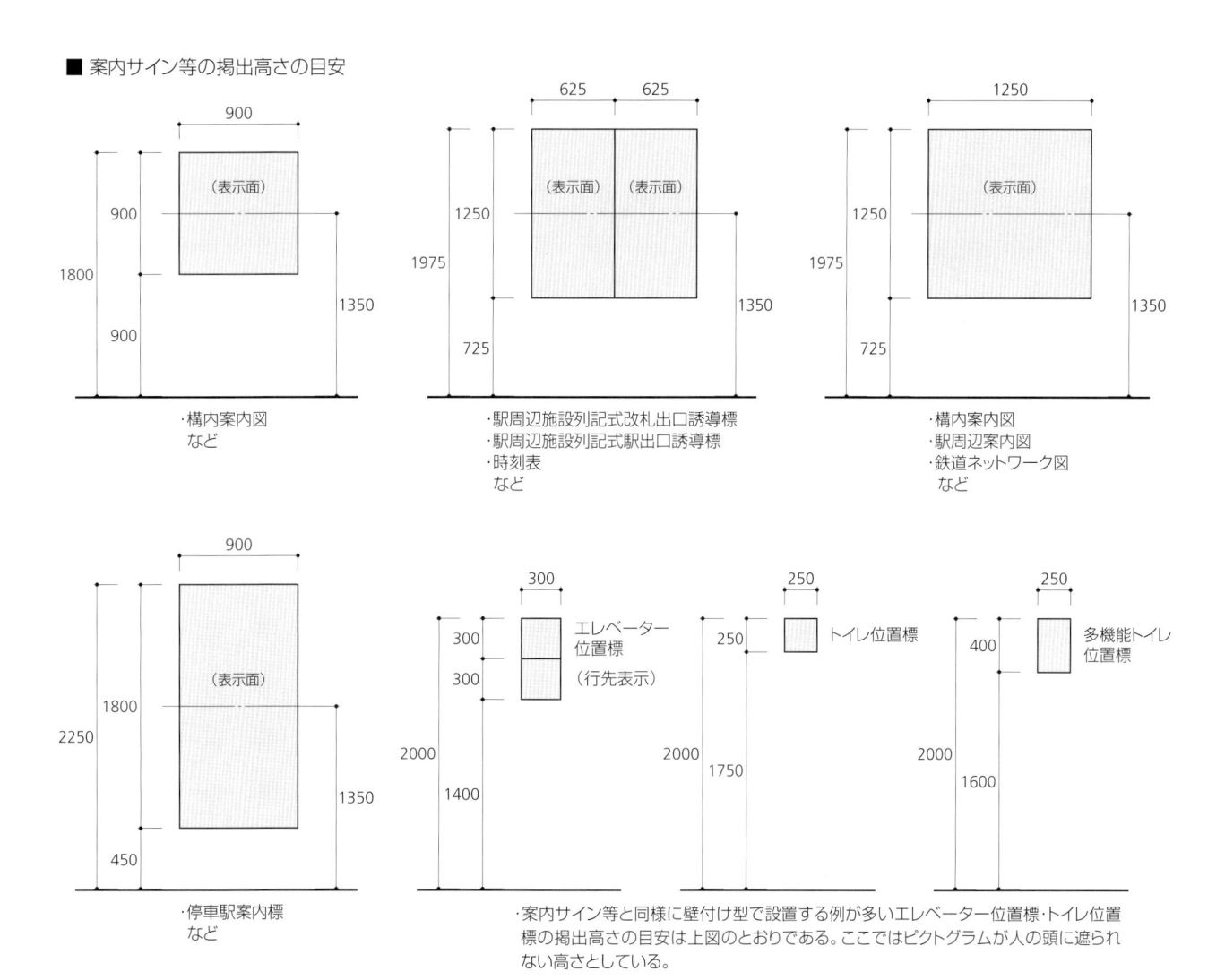

3］表示面の向きと配置位置

近くから視認する案内サイン等には、構内案内図、駅周辺案内図、時刻表、停車駅案内標、鉄道ネットワーク図、駅周辺施設列記式駅出口誘導標などがあります。これらのサインは、一般的に壁付け型や自立型などの形式を用いて設置します。

これらのサインは下図に例示したように、できるだけ入場・出場それぞれの動線から対面視できる位置を選んで配置します。また下図に○印で示したような、動線と平行な位置に配置するサインについては、情報コーナー位置標を動線と対面する向きに掲出して、情報源のある場所を延長

■ 近くから視認するサインの配置例

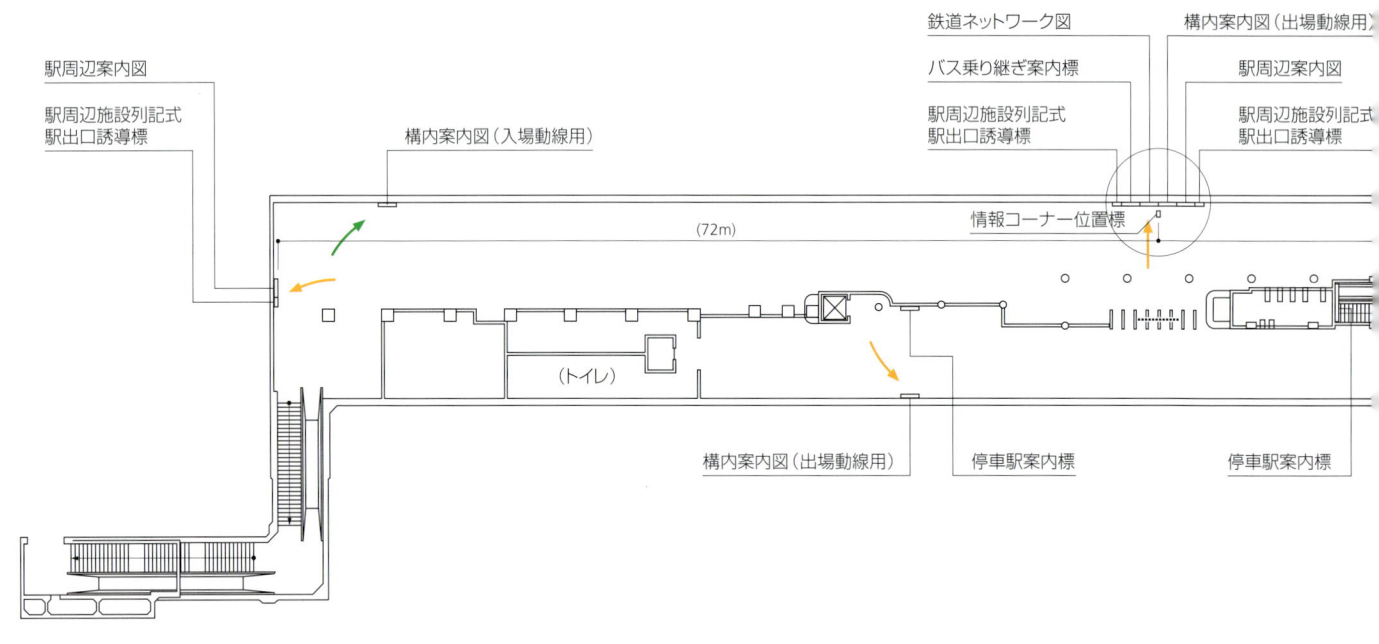

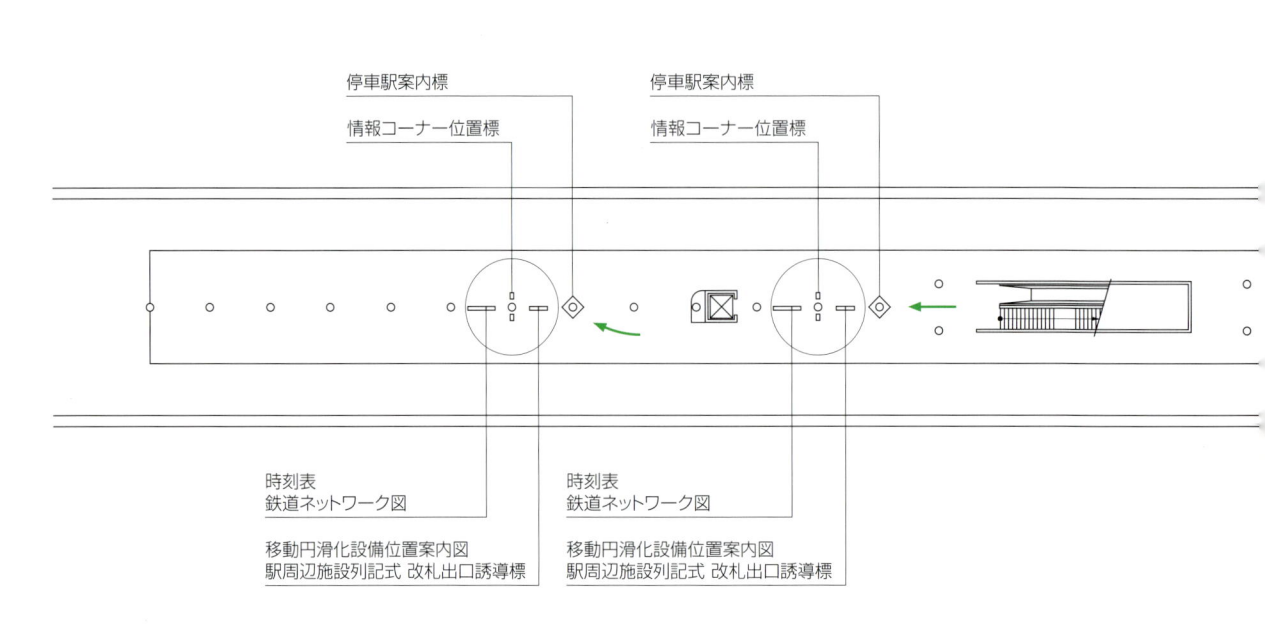

4. 配置計画の要点

方向から察知できるようにします。

　長い通路のある駅における構内案内図や駅周辺案内図は、営団地下鉄の長年の実績を参考に考えると、60〜80m程度間隔に繰り返して配置すれば、利用者のニーズに応えられるように思われます。

　ホーム上の情報コーナーは、階段やエレベーターなどによって分断される空間単位ごとの、階段等の端部から10〜20m程度の位置に配置する原則とします。また分断されない空間が長く続く場合は、適宜掲出箇所を増やすこととします。

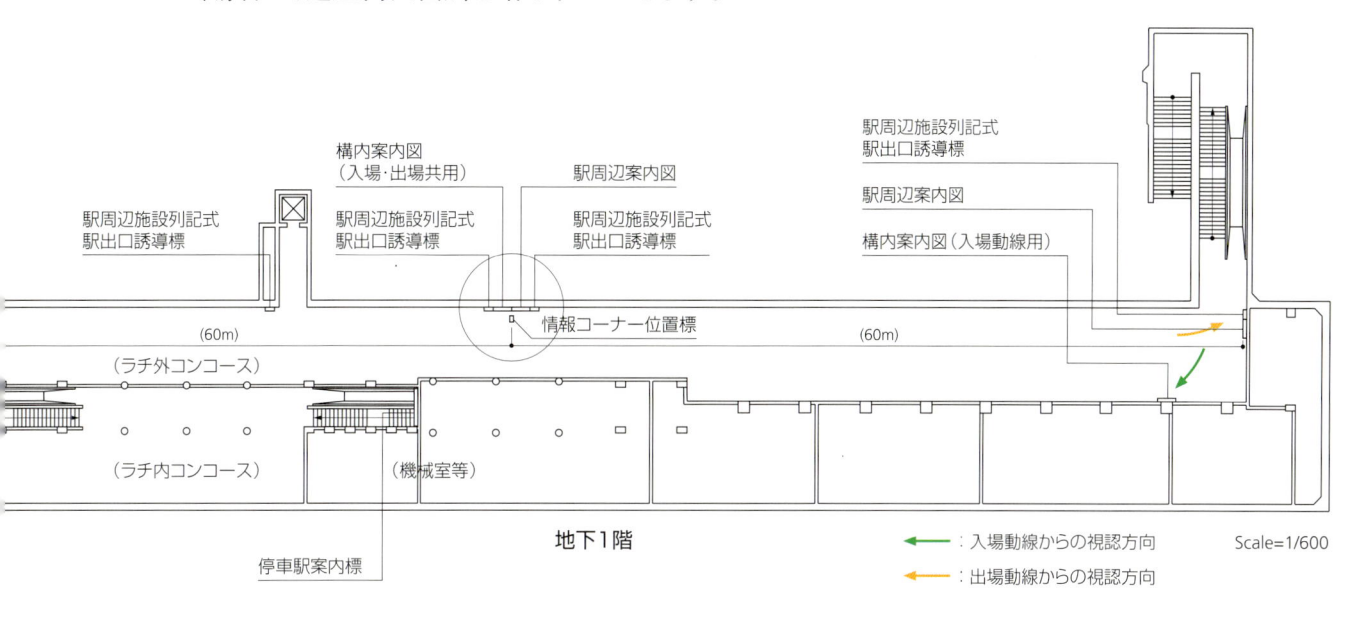

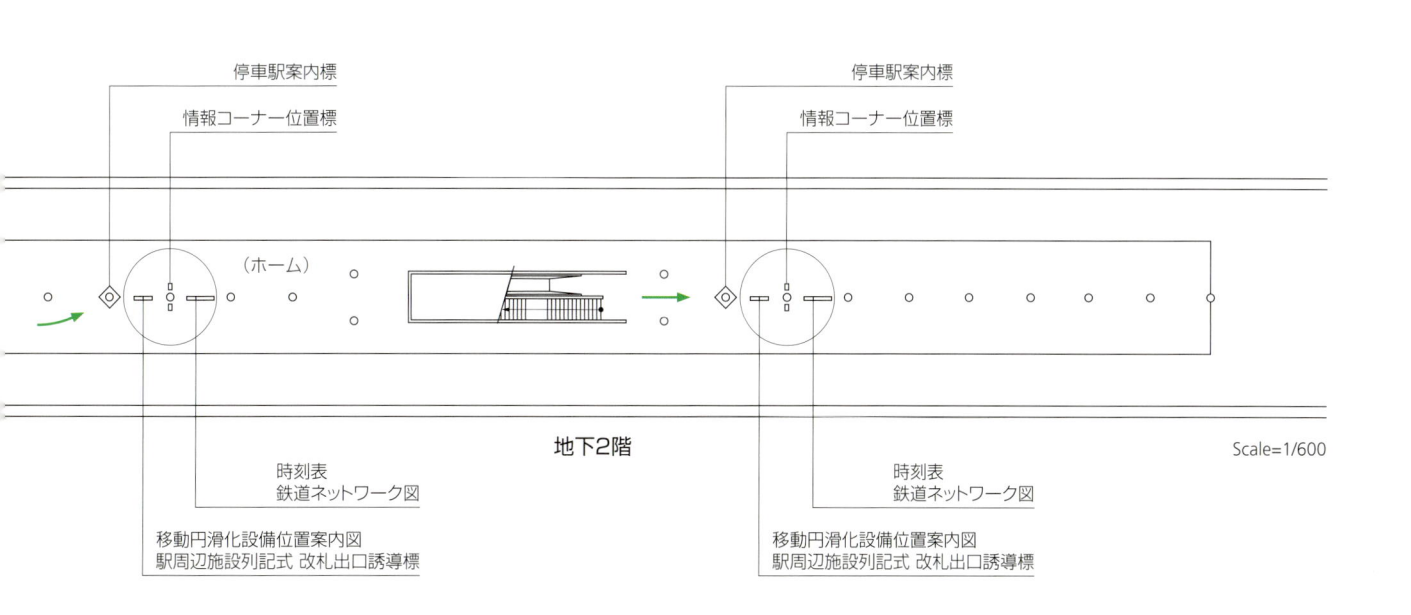

4］運賃表の外形寸法と掲出高さの目安

　券売機上部に掲出する運賃表の外形寸法は、a）表示する情報量、b）その文字等の大きさ、c）文字等の有効視距離、d）有効視距離位置における視方角の限界、などのバランスを調整して設定する必要があります。

　視方角とは、見る人の視軸と視対象のなす傾きの角度のことをいい、視方角が45°以下になると誤読率が増すといわれています（人は普通、視方角が直角に近づくように無意識のうちに角度を調節して、本などを読んでいます）。

　また掲出高さについては、a）券売機前に並ぶ利用者の頭に隠れない高さ、b）車いす使用者の見上げ角度が小さくてすむ高さ、の2点に留意する必要があります。

　近年、運賃表を読みやすくするために運賃表の大型化が進んでいますが、上記のバランスを考えると、一般的には運賃表の外形寸法はH1000×W4000mm程度が上限であり、また掲出高さは、立位と座位双方から共通して見やすい高さとするために、青年男女の頭の高さ程度まで器具を下げて、1700mm程度を目安とせざるを得ないと思われます。

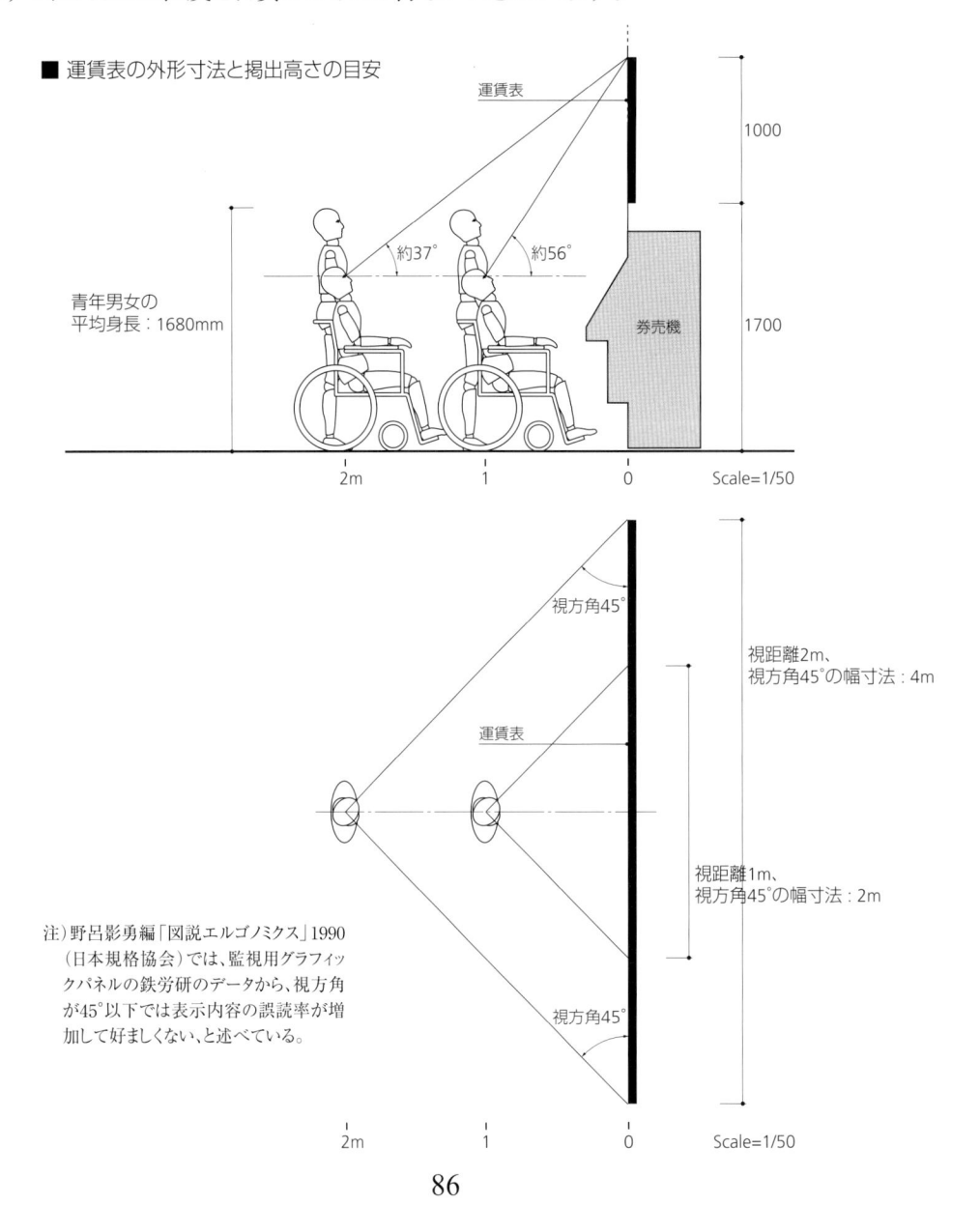

■ 運賃表の外形寸法と掲出高さの目安

注）野呂影勇編「図説エルゴノミクス」1990（日本規格協会）では、監視用グラフィックパネルの鉄労研のデータから、視方角が45°以下では表示内容の誤読率が増加して好ましくない、と述べている。

5］ ホーム駅名標の配置方法

駅名標の配置方法について、ガイドラインには次のように示されています。

■駅名表示
○到着する駅名を車内で表示する場合を除き、車内から視認できる高さに駅名標を表示する。
○到着する駅名を車内で表示する場合を除き、車内から視認できるよう駅名標の配置間隔に配慮する。

車内から車外への視界は窓によって確保されています。従って車外の見やすい範囲は、車内にいる利用者の視点と窓の上端を結ぶ線より下で、座席に座る人に遮られない窓の半分程度より上の範囲になります。また利用者の視野は、高齢者等にとって体をねじって後方を見る姿勢は取りづらいので、振り向かないでも見られる前方にあるものとして考える必要があります。

ホーム上の駅名標は、一般的には柱付け型、自立型、吊り下げ型などの形式を用いて設置します。下図に示すように、ホームの独立柱に設置する場合は柱付け型を、ホーム中心に設置する場合は自立型を、反対方向の線路側に設置する場合は吊り下げ型を選択すると、旅客流動を妨げることなく、車内から視認できる高さにホーム駅名標を掲出することができます。なお自立型の場合、駅名標の下部に時刻表や鉄道ネットワーク図などの案内サイン等を併設すると、器具の下に人が入るのを防ぎつつ、表示情報の集約化を図ることができます。

また対向壁側の駅名標では、器具の上端を車両客室窓の上端程度の高さにすると、車内から見やすい位置になります。

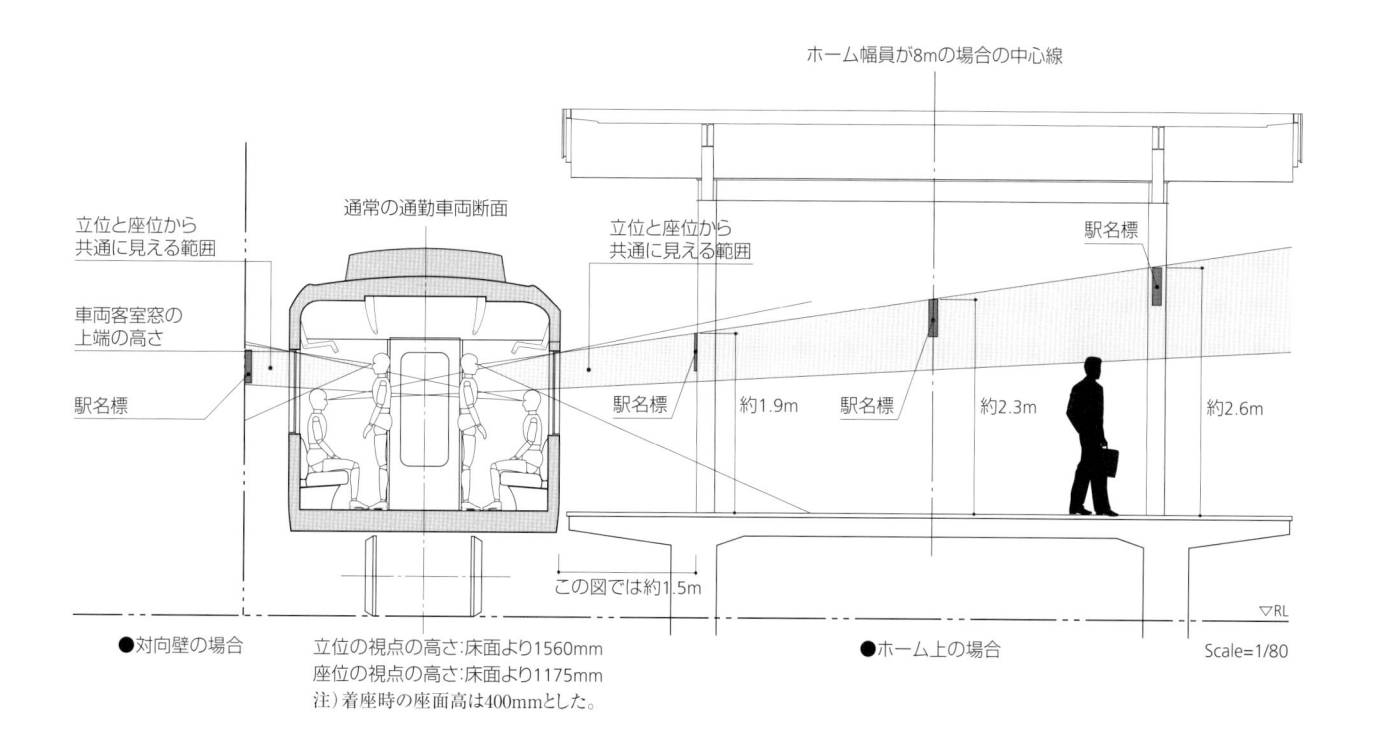

4-3　可変式情報表示装置の配置方法

1］基本的事項
可変式情報表示装置の配置方法について、ガイドラインでは次のように示されています。

> ■配置位置
> ○車両等の運行・運航用の可変式情報表示装置は、視覚情報への依存度の大きい聴覚障害者を含む多くの利用者が、運行・運航により乗降場が頻繁に変動する場合に各乗降場へ分流する位置のほか、改札口付近や乗降場、待合室など、視覚情報を得て行動を判断するのに適切な位置に配置する。
> ◇可変式情報表示装置の掲出高さは、誘導サインや位置サイン類と統一的であることがなお望ましい。

2］改札口付近の可変式情報表示装置
　第2章で述べたように、LEDなどを用いて表示する可変式情報表示装置は、列車の発車条件に関する情報ばかりでなく、運行異常の発生に関連して、代替行動の指示や規制、あるいは選択肢を示す情報源として注目されています。改札口付近に配置する場合、表示内容によっては、改札口を入らず駅外へ出て別の交通手段を選択することもあり得るので、改札口の外から表示内容を確認できるような位置を選択することが必要です。

　都市部の地下鉄などのように、列車運行が頻繁で、利用者が直ちにホームに向かうような駅では、改札機上部又は改札口前のコンコースにこの表示装置を配置します。改札機上部とすると、裏面を改札出口位置標の表示面に利用することができます。

　ラチ内コンコースに種々の施設があり、また列車運行がそれほど頻繁ではない駅では、利用者が入場後、ホームに至る以前に、可変式情報表示装置の表示内容を再確認したい場合が生じます。そのような駅では、動線の延長上に同種の装置を追加して配置することが望まれますが、改札口付近の装置で対応しようとする場合、改札機上部よりいくぶん奥まった位置に配置して、入場者が回り込んで再確認できるようにします。ただしあまり奥めて配置すると、改札口の外からその装置の存在が気付かなくなったり、表示内容が読めなくなったりするので注意が必要です。

3］ホーム上の可変式情報表示装置
　ホーム上の可変式情報表示装置は、階段やエレベーターなどによって分断される空間単位ごとの、階段等の端部から10～20m程度の位置に、動線上対面視できる向きに配置する原則とします。またホームが長い場合、遠くから視認するサインの考え方と同じように、表示装置の文字の有効視距離から判断して、有効視距離の2倍程度の間隔で配置すれば、効果的に情報を提供することができます。

4. 配置計画の要点

■ 改札口付近の可変式情報表示装置の表示例

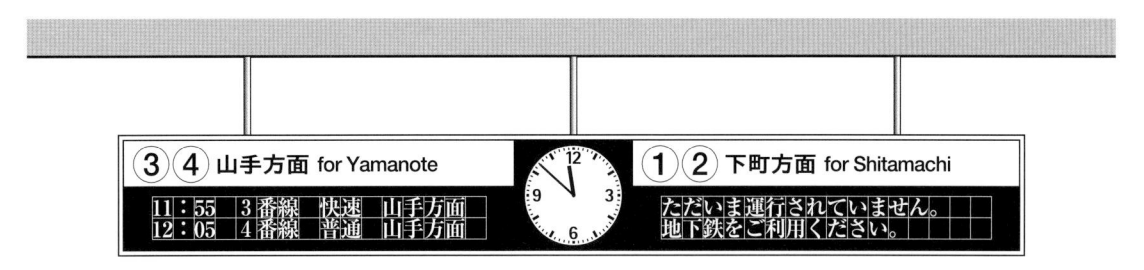

③④ 山手方面 for Yamanote　　①② 下町方面 for Shitamachi
11:55　3番線　快速　山手方面　　ただいま運行されていません。
12:05　4番線　普通　山手方面　　地下鉄をご利用ください。

■ ラチ内動線が直線的な駅における改札口付近の可変式情報表示装置の配置例

可変式情報表示装置　　（ラチ外コンコース）
（ラチ内コンコース）

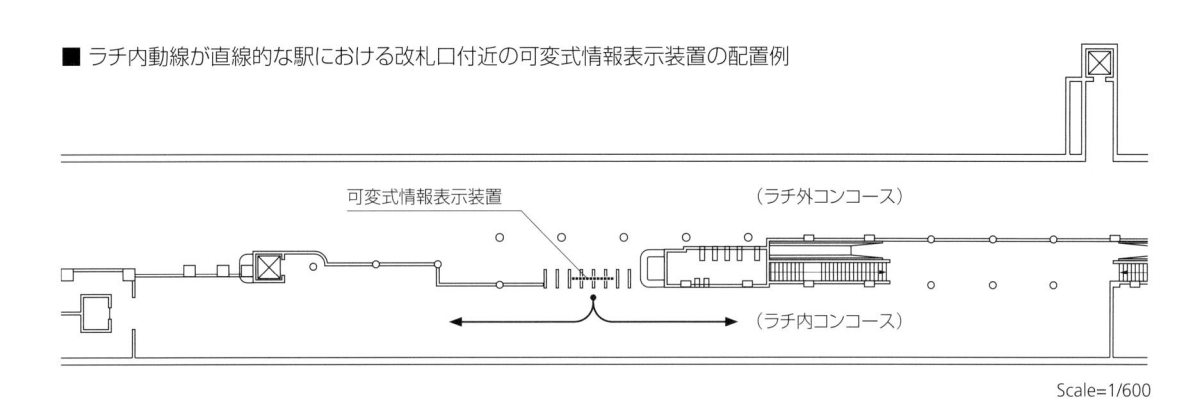

Scale=1/600

■ ラチ内動線が回遊的な駅における改札口付近の可変式情報表示装置の配置例

駅出入口

可変式情報表示装置

自由通路

（ラチ内コンコース）

（店舗）

駅出入口

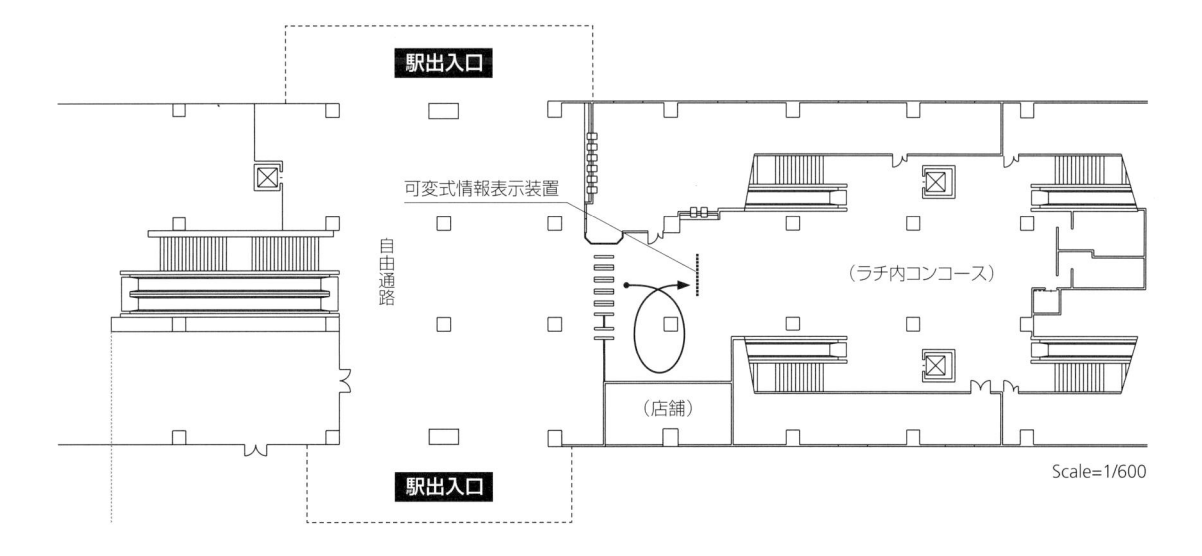

Scale=1/600

II部　サインシステム整備のモデルデザイン

1.
高架駅のモデルデザイン

1-1 モデルデザインの前提条件

　ここでは、実在する東京の中央線高円寺駅の立地を計画条件として想定した仮想の「杉並駅」をモデル駅としています。運営する鉄道会社や駅の構造は全く仮想のものです。杉並駅は、鉄道会社「JC」による「東西線」と、鉄道会社「MA」による「環七線」の乗換駅として設定しました。「東西線」は東京と高尾を結ぶ高架鉄道です。また「環七線」は、赤羽と大森を環七通りに沿って結ぶ地下鉄です。モデルデザインの前提条件は以下のとおりです。

1 立地条件

① 杉並駅は大都市の郊外に位置していて、周辺は都心などに通う通勤・通学者の多い住宅街である。
② 駅の北側及び南側には商店街があり、ここを経て駅へアクセスする利用者が多い。
③ 駅前は、北側、南側ともロータリーを備えた広場になっている。

2 駅構造条件

① 東西線杉並駅は、地上階に出入口と改札口があり、高架上の地上2階に2本の島式ホームがある。
② 東西線のラチ外コンコースは、駅の北側と南側を連絡する自由通路にもなっている。
③ 東西線の実質的な出入口は、自由通路両側にある開口部の2か所である。
④ 東西線は、ラチ内コンコースとホームを結ぶエレベーターを備えている。
⑤ 環七線杉並駅は、地下1階に2か所の改札口があり、地下2階に相対式ホームがある。
⑥ 環七線の実質的な出入口は、東西線との乗り換え連絡口のほか、3か所である。
⑦ 環七線は、ラチ内コンコースとホームを結ぶエレベーターのほか、ラチ外コンコースと地上を結ぶエレベーターを2か所の出入口に備えている。

3 鉄道の結節状況

① 東西線と環七線の乗り換えは、自由通路から地下1階へと下る階段（エスカレーター・エレベーター併設）により行われる。

4 アクセス交通の結節状況

① アクセス交通施設にはバスとタクシーがある。
② バスのりばは、高架駅の北側に3カ所と南側に2カ所とする。
③ タクシーのりばは、北側、南側にそれぞれ1カ所ずつとする。
④ 自由通路から、いずれのアクセス交通のりばへも平面乗り換えができる。

1. 高架駅のモデルデザイン

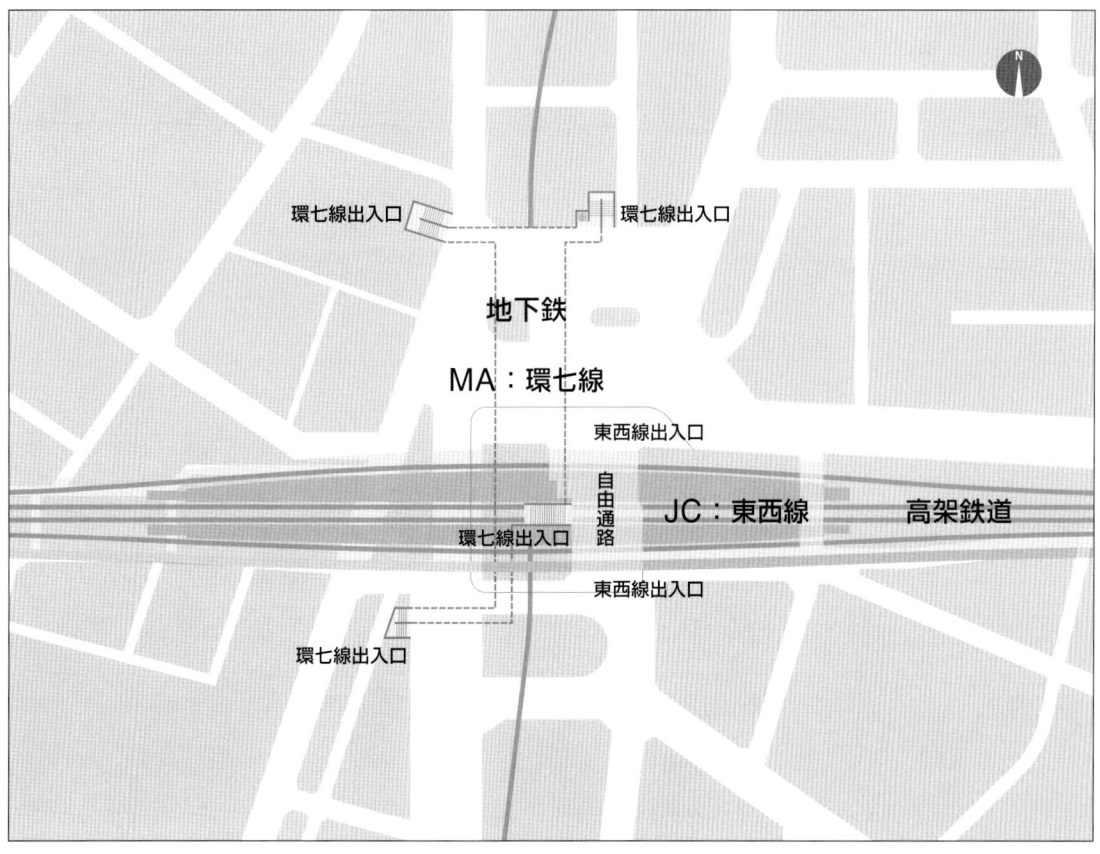

環七線出入口
環七線出入口
地下鉄
MA：環七線
東西線出入口
自由通路
環七線出入口　　　　JC：東西線　　高架鉄道
東西線出入口
環七線出入口

1-2 コードプランニング

1］基本的な空間部位の名称

杉並高架駅の基本的な空間部位の名称を、次のように設定しました。

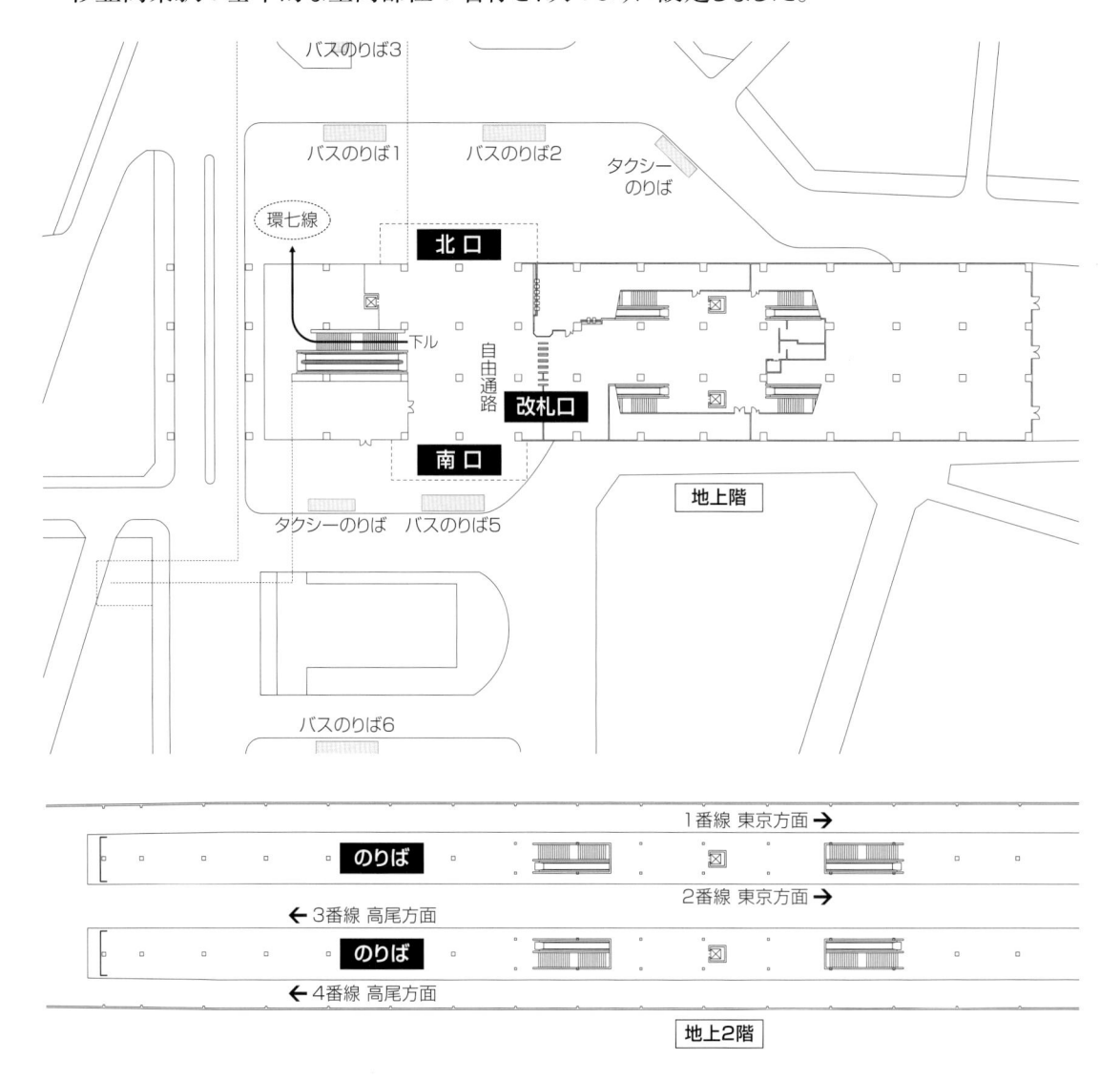

空間部位		日本語	英語
駅出入口	駅入口	「北口」「南口」	「North Entrance」「South Entrance」
	駅出口	「北口」「南口」	「North Exit」「South Exit」
改札口	改札入口	「東西線改札口」	「Gates of Tōzai Line」
	改札出口	「改札口」	「Gates」
乗降場		「のりば」	「Tracks」
		「① 東京方面」「② 東京方面」「③ 高尾方面」「④ 高尾方面」	「① for Tōkyō」「② for Tōkyō」「③ for Takao」「④ for Takao」

2］ 個別サインの種類と表現コード

空間部位毎に必要な個別サインの種類と各々の表現コードを、次のように設定しました。

	個別サインの名称	表示する表現コード
① 駅出入口 に設置するサイン	駅入口位置標	🚆
	駅入口駅名標	**JC** 杉並駅 Suginami Sta. **MA**
	改札入口誘導標	↑ 🚆 東西線 Tōzai Line
	駅出口位置標	北口 North Exit
		南口 South Exit
	バスのりば誘導標	↑ 🚌 のりば Berth No. 1 2 3
		↑ 🚌 のりば Berth No. 5 6
	タクシーのりば誘導標	↑ TAXI

	個別サインの名称	表示する表現コード
② ラチ外コンコース に設置するサイン	改札入口誘導標	↑ 🚆 東西線 Tōzai Line
	きっぷうりば誘導標	↑ 🎫 JC きっぷうりば Tickets
	改札入口位置標	🚆 JC 東西線改札口 Gates of Tōzai Line
	トイレ誘導標	↑ 🚹🚺 ♿
	駅出口誘導標 バスのりば誘導標 タクシーのりば誘導標	↑ 北口 North Exit TAXI 🚌 のりば Berth No. 1 2 3
		↑ 南口 South Exit TAXI 🚌 のりば Berth No. 5 6
	構内案内図	（省略、I部第2章参照）
	駅周辺案内図	（省略、I部第2章参照）
	バス乗り継ぎ案内標	（省略）

	個別サインの名称	表示する表現コード
③ ラチ内コンコースに設置するサイン	のりば誘導標	↑ ❶ ❷ 東京方面 for Tōkyō ↑ ❸ ❹ 高尾方面 for Takao
	階段誘導標	↑ 🚶
	エスカレーター誘導標	↑ 🛗
	エレベーター誘導標	↑ 🛗
	エレベーター位置標	🛗 ❶ ❷ のりば行 to Tracks 🛗 ❸ ❹ のりば行 to Tracks
	トイレ誘導標	↑ 🚻 ♿
	トイレ位置標	🚻 ♿
	可変式情報表示装置	（省略、I部第2章参照）
	改札出口誘導標	↑ 改札口 Gates
	のりかえ誘導標	↑ 🚆 環七線 Kannana Line
	改札出口位置標	改札口 Gates
	のりかえ改札口位置標	🚆 環七線のりかえ口 Transfer to Kannana Line
	精算所位置標	精算所 Fare Adjustment
	停車駅案内標	（省略）
	構内案内図	（省略、I部第2章参照）

1. 高架駅のモデルデザイン

	個別サインの名称	表示する表現コード
④ ホームに設置するサイン	のりば位置標	❶ 東京方面 for Tōkyō ❷ 東京方面 for Tōkyō ❸ 高尾方面 for Takao ❹ 高尾方面 for Takao
	可変式情報表示装置	（省略、I部第2章参照）
	ホーム駅名標	前駅名　杉並 Suginami　次駅名
	補助駅名標	杉並 Suginami
	改札出口誘導標	↑ 🛗 改札口 Gates　（下りエスカレーターが併設されたホーム階段） ↑ 改札口 Gates　（下りエスカレーターがないホーム階段）
	のりかえ誘導標	↑ 🚃 環七線 Kannana Line
	エレベーター誘導標	↑ 🛗
	エレベーター位置標	🛗 改札口行 to Gates
	トイレ誘導標	↑ 🚻 ♿
	エレベーター・エスカレーター・トイレ補助誘導標	↑ 🛗 🛗 🚻 ♿ 距離表示
	情報コーナー位置標	ℹ
	可変式情報表示装置	（省略、I部第2章参照）
	停車駅案内標	（省略）
	時刻表	（省略）
	路線網図	（省略）

1-3 動線分析と配置計画

1］コンコース

　高架駅コンコース階の利用者動線は、右図のように分析できます。楕円で囲んでいる部分は、動線の分岐点または屈折点、階段の上り口または下り口であるため、誘導サインが必要となります。動線分析を踏まえて計画したサインシステムの平面配置を下図に示します。

1. 自由通路は、独立柱によって2本の通路に分断されているため、改札入口誘導標③および⑤は、それぞれの通路上に配置しました。
2. きっぷうりばが遠方より視認しにくいため、きっぷうりば誘導標⑥を配置しました。
3. ラチ外から視認でき、またラチ内へ入ってからも再度確認できるように、可変式情報表示装置⑧は改札口より7.5m程度奥に配置しました。
4. ラチ内コンコース中央部に、のりば誘導標⑨と停車駅案内標⑮を配置しました。停車駅案内標は、階段下の壁面にも配置し、階段を上る前に再度確認ができるように配慮しました。
5. 昇降設備を選択すべき状況であるため、階段・エレベーター・エスカレーターそれぞれの誘導標を配置しました（⑪,⑫,⑬）。
6. バス乗り継ぎ案内標⑲や駅周辺案内図⑳は、出場動線に対面するように配置しました。

注）平成14年10月現在、国土交通省において視覚障害者の移動支援方策として音案内のガイドライン策定作業が進められている。このモデルデザインでは、今後ガイドラインとして示される音案内の設置を前提として、触知図式案内板は設置していない。

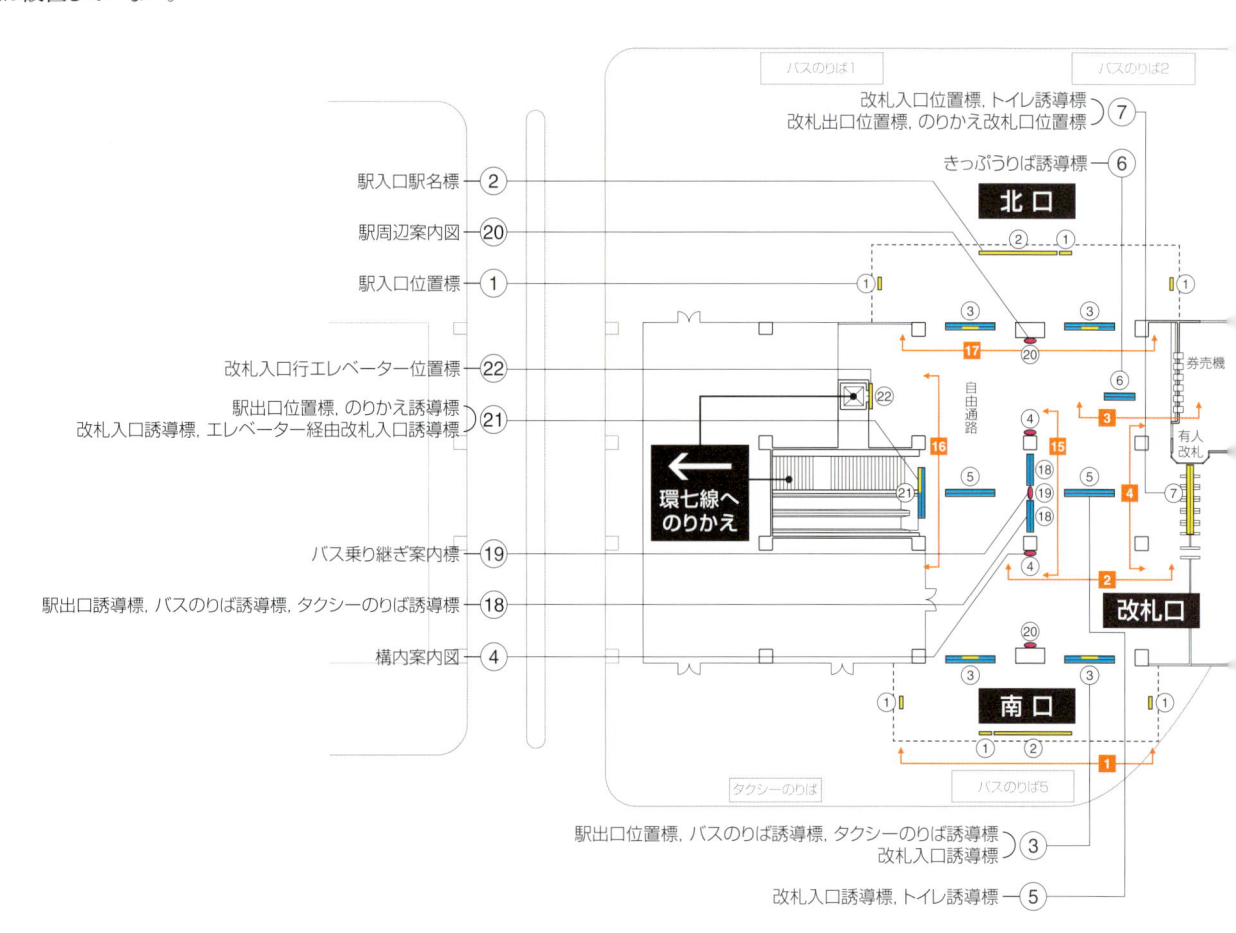

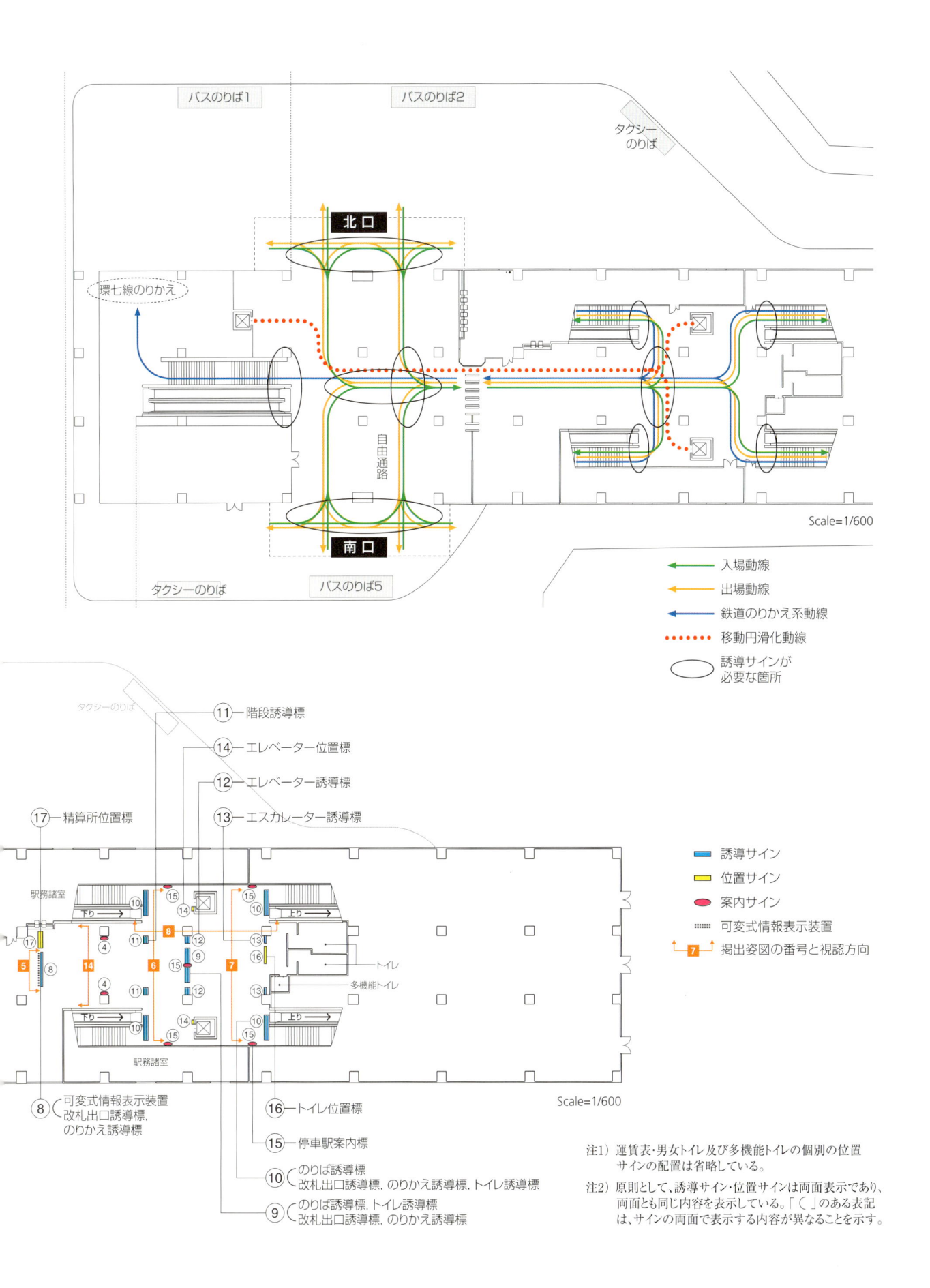

1. 高架駅のモデルデザイン

2] ホーム

高架駅ホーム階の利用者動線分析を右図に、サインシステムの平面配置を下図に示します。

1. 2本のホームでの基本的なサイン配置は同じです。
2. 階段を上った利用者が視認しやすいように、階段部から10～15m付近に可変式情報表示装置㉔を配置しました。そこから30m程度のピッチでのりば位置標㉕を配置しました。
3. 階段口およびエレベーターの間近で、かつ混雑時等に旅客の通行の妨げとならない位置に、停車駅案内標㉖を配置しました。
4. 停車駅案内図の付近に、時刻表㉗と路線網図㉘を配置し、案内サイン類を集約させました。
5. 駅名標㉙は、1車両につき1か所を配置間隔の目安としました（本図では20mピッチ）。また2番線と3番線の軌道間にも駅名標を配置しました。
6. 補助駅名標㉚とエレベーター・エスカレーター・トイレ誘導標㉛は、柱付として全ての独立柱に交互に配置しました。
7. エレベーター部には、ホームの延長方向から視認できるようにエレベーター位置標㉜を配置しました。

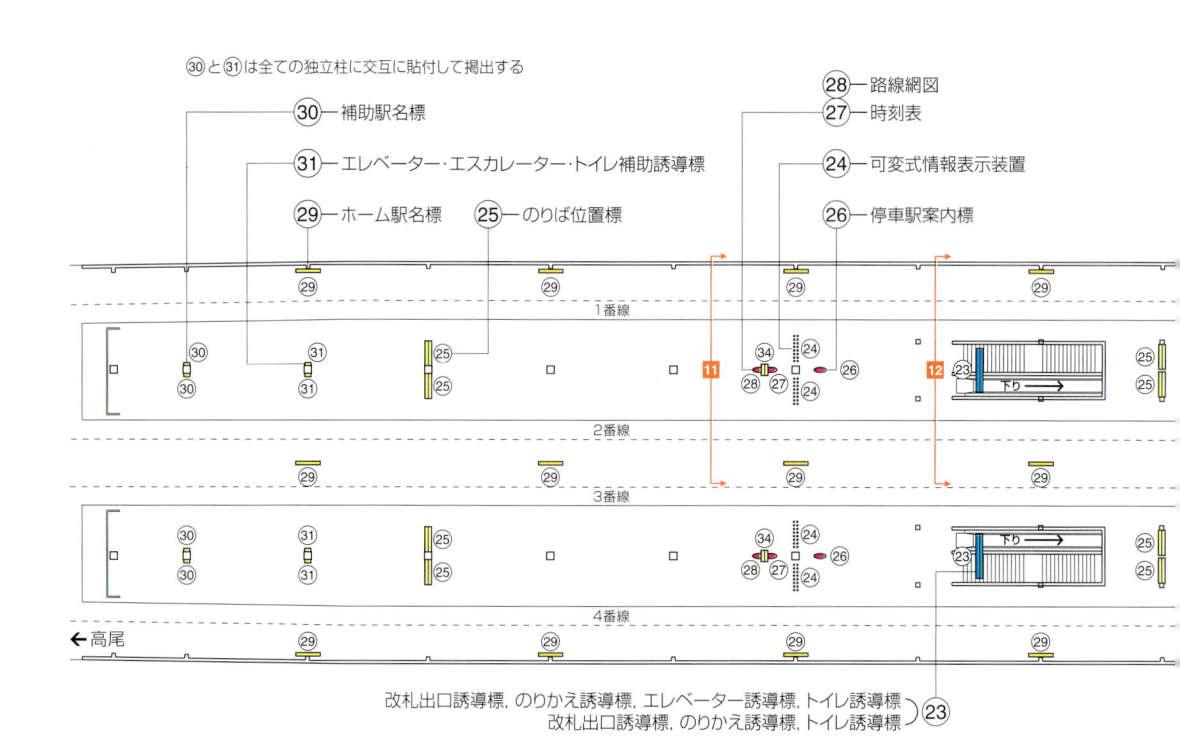

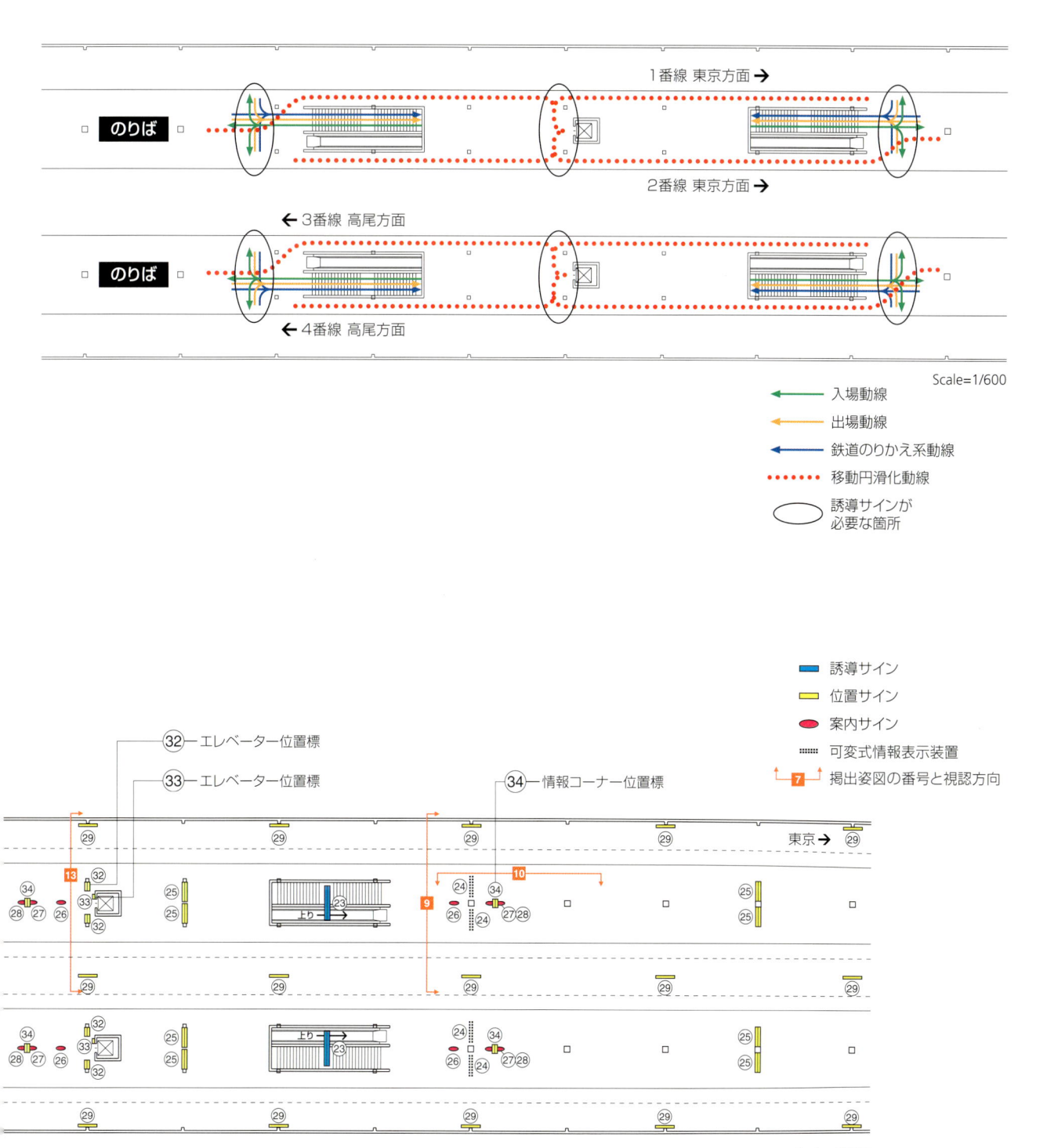

1. 高架駅のモデルデザイン

1-4 サインシステムの掲出姿図

■ 基本的な仕様設定

① 高架駅の地上階ラチ外コンコースの天井高さは4.2m、地上2階のホームの大梁下までは5.4mである。
② 吊り下げ型サインの基本的な器具サイズ・モジュール（H×W,mm）は、450×900、450×2000、450×2500、450×3000、450×4000、450×4500、450×5500とし、掲出高さは2700mmとする。
③ 文字の大きさ基準は、和文文字高120mm、英文文字高90mmとする。この文字高の有効視距離は30m程度と想定できる。
④ 表示面のベース色は、入場動線用を紺、出場動線用を黄色とし、のりば誘導標及びトイレ位置標は白とする。
⑤ JC会社の企業色（緑）を、きっぷうりば誘導標、改札入口位置標、ホーム駅名標、そのほか路線に関する情報を表示する各サインのアイキャッチャーに用いる。

以下の説明の 1 等は平面配置図の視認アングル ←―1―→ 等と整合しています。

1］南口から東西線改札口へ

1

・駅出入口の庇上には、有効視距離が80m程度と想定できる駅入口位置標①と、駅入口駅名標②を配置しました。
・改札入口誘導標③は、独立柱によって分断される各々の通路に配置しています。

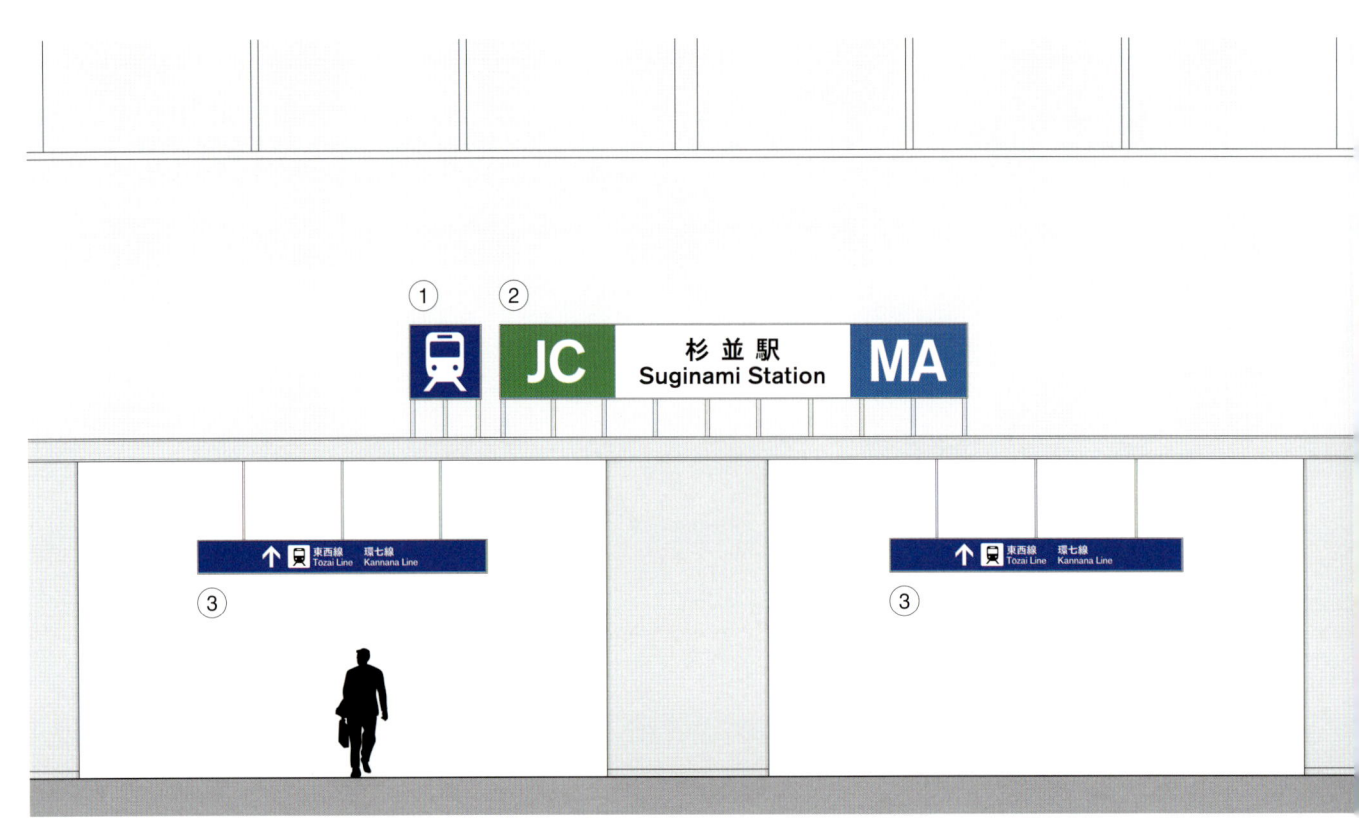

Scale=1/100

1. 高架駅のモデルデザイン

2

- 駅出入口を入って正面にある独立柱に、入場動線用構内案内図④（P.67参照）を配置しました。
- 改札入口誘導標⑤には、当該駅で結節している東西線と環七線の2路線の情報を表示しています。またこの位置からトイレへの誘導は、移動の楽な東西線ラチ内トイレを案内することとしています。

Scale=1/100

3

- きっぷうりば誘導標⑥は、視界を遮る独立柱を避けて配置しています。また同標の表示面ベース色は、地下鉄の駅と間違われないように、高架鉄道の企業色（緑）を用いています。

4

- 改札入口位置標⑦にも企業色を用い、改札入口のゾーンを明確化するため、サイン器具の幅寸法を改札口の幅と同一としました。またこの駅ではトイレが改札口内にあるため、この標内でもトイレ誘導表示を行っています。

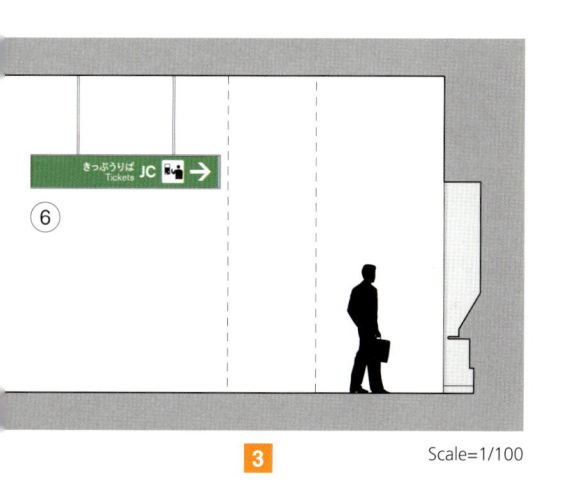

Scale=1/100

Scale=1/100

2] ラチ内コンコースからホームへ

5
- 改札口より7.5m程度奥に可変式情報表示装置⑧を配置しました。またこの装置には、発車時分と識別しやすく、時間の前後関係を理解しやすいアナログ時計を併設しました。

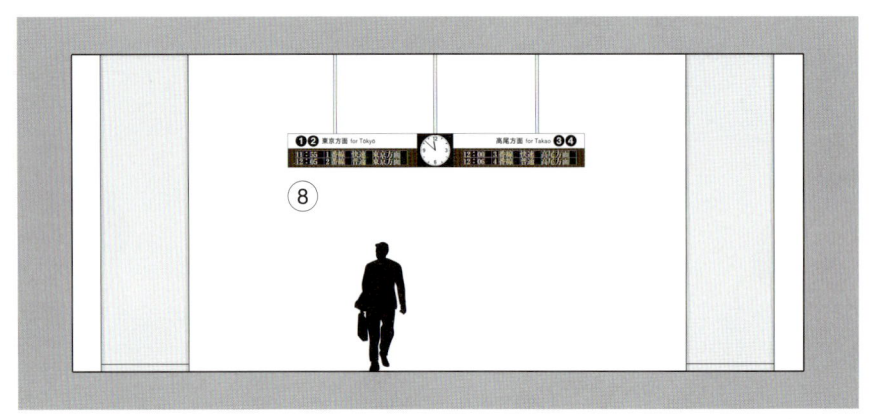

Scale=1/100

6
- 乗車系動線の分岐点には、のりば誘導標⑨と、停車駅案内標⑮を配置しました。主要駅名の表示に限定される⑨のみでは、⑨に表示のない途中駅を目的とする利用者には不十分で、全ての駅名を表示した⑮(P.70参照)の設置が必要です。
- のりば誘導標⑨と並べて、それと同時に見えるようにエレベーター誘導標⑫を配置しています。またエレベーターの扉位置には、「①②のりば行」と表示したエレベーター位置標⑭を配置しています。

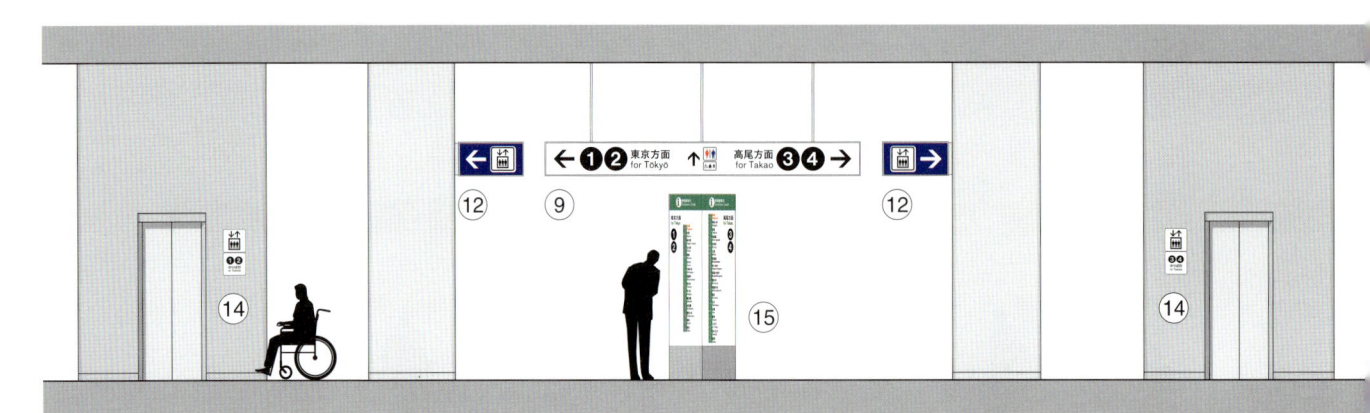

Scale=1/100

1. 高架駅のモデルデザイン

7
- この駅ではラチ内コンコースからホームに至る経路に、階段経由、エレベーター経由、エスカレーター経由の別があり、それぞれの設備が動線に沿って並んでいます。利用者が任意の設備を選択できるように、階段誘導標⑪とエレベーター誘導標⑫、エスカレーター誘導標⑬（本図）を同列に並べました（平面図参照）。
- トイレ位置には、トイレ位置標⑯と男女別の位置標を配置しています。

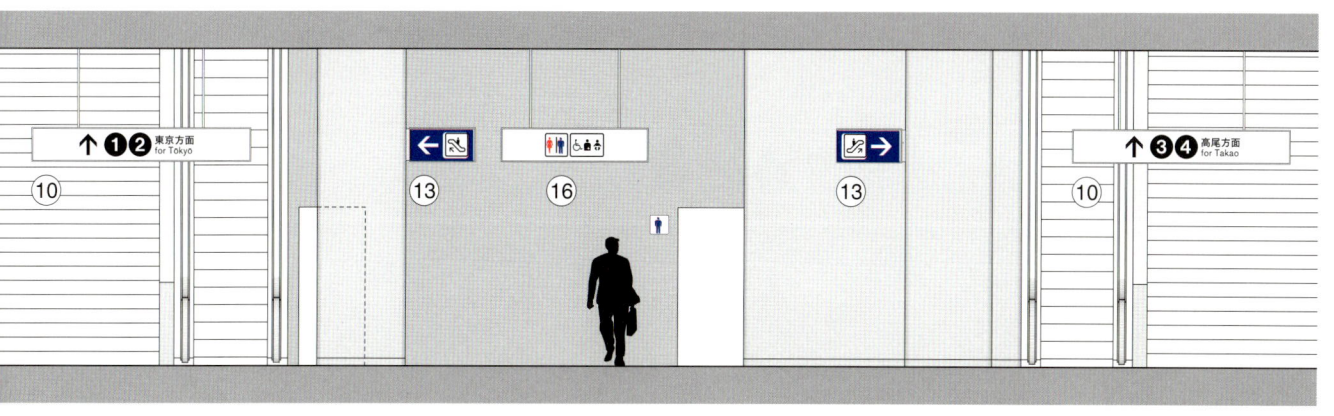

Scale=1/100

8
- 階段、エレベーター、エスカレーターに向かう動線と対面する向きの壁面に、再び停車駅案内標⑮を配置しました。ここに同標を配置することで、6 アングルにある同種のサインを見落とした利用者も、ホームに至る前に目的駅を確認することができます。

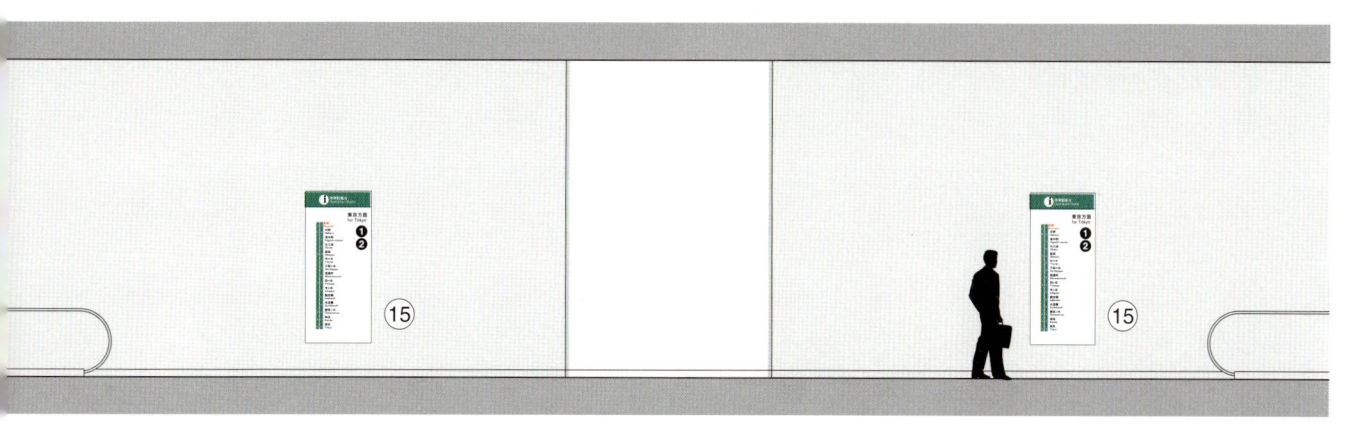

Scale=1/100

9

- ホーム階段口から10～15m付近に可変式情報表示装置㉔を配置しました。利用者はこの装置を、その手前にある停車駅案内標㉖と一対に見ることで、目的駅に至る列車種別を確認することができます。

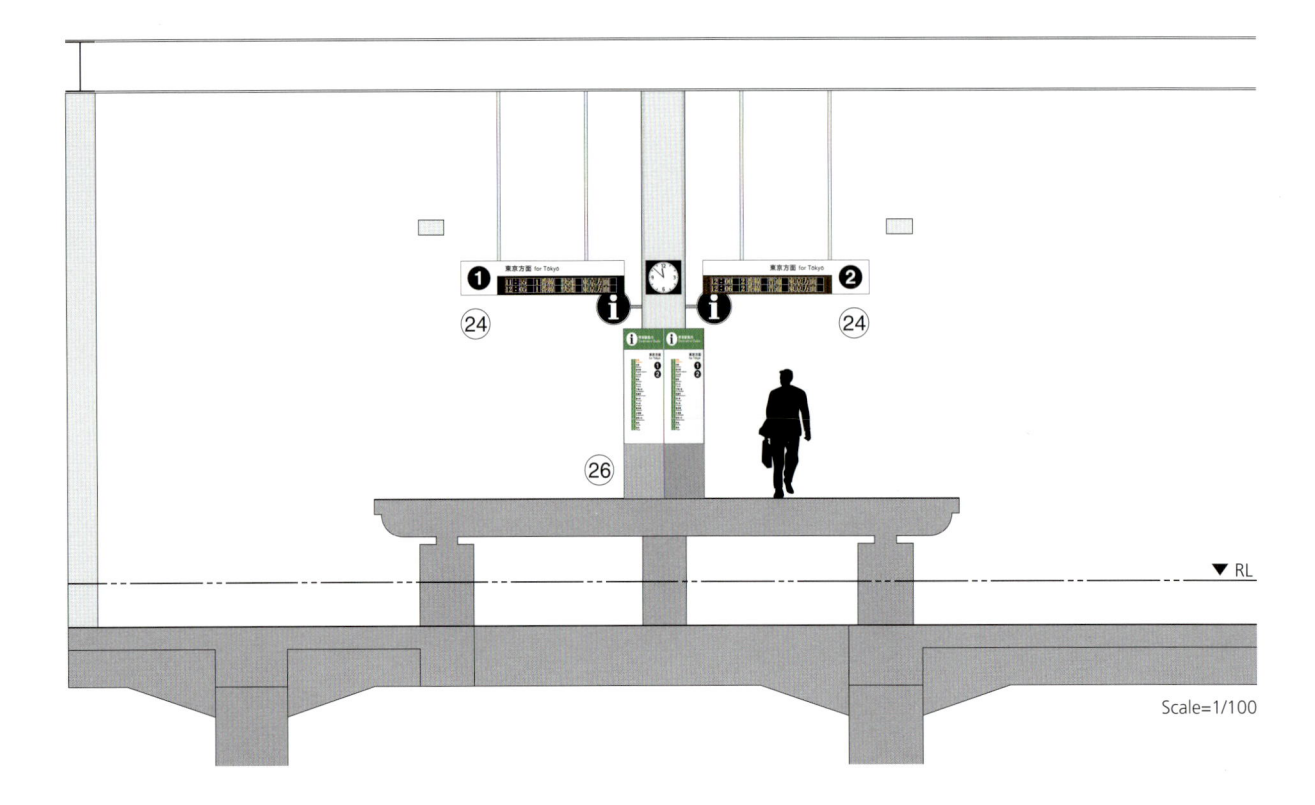

10

- 階段口及びエレベーター口から10m付近を情報コーナーとしています。昇降口に近い側に停車駅案内標㉖を配置し、その奥に鉄道ネットワーク図㉘と、時刻表㉗を配置しました。ホーム上の情報コーナーは情報源の誘目性を高めるために、集約化して掲出することが望まれますが、柱などによって大型の器具を設置できない場合、当該路線の停車駅案内標をいち早く視認できるように配置します。利用者の目的駅がその進行方向にあるか否かが、鉄道を利用するうえで最も基本的な確認事項だからです。
- 情報コーナー位置標㉞は、ホームの延長方向から見つけやすいように、他の吊り下げ型サインより掲出高さを下げて、線路側に突き出すように掲出しました（11 アングル参照）。
- 柱付け型の補助駅名標㉚と、エレベーター・エスカレーター・トイレ補助誘導標㉛は、独立柱に交互に配置しています。

1. 高架駅のモデルデザイン

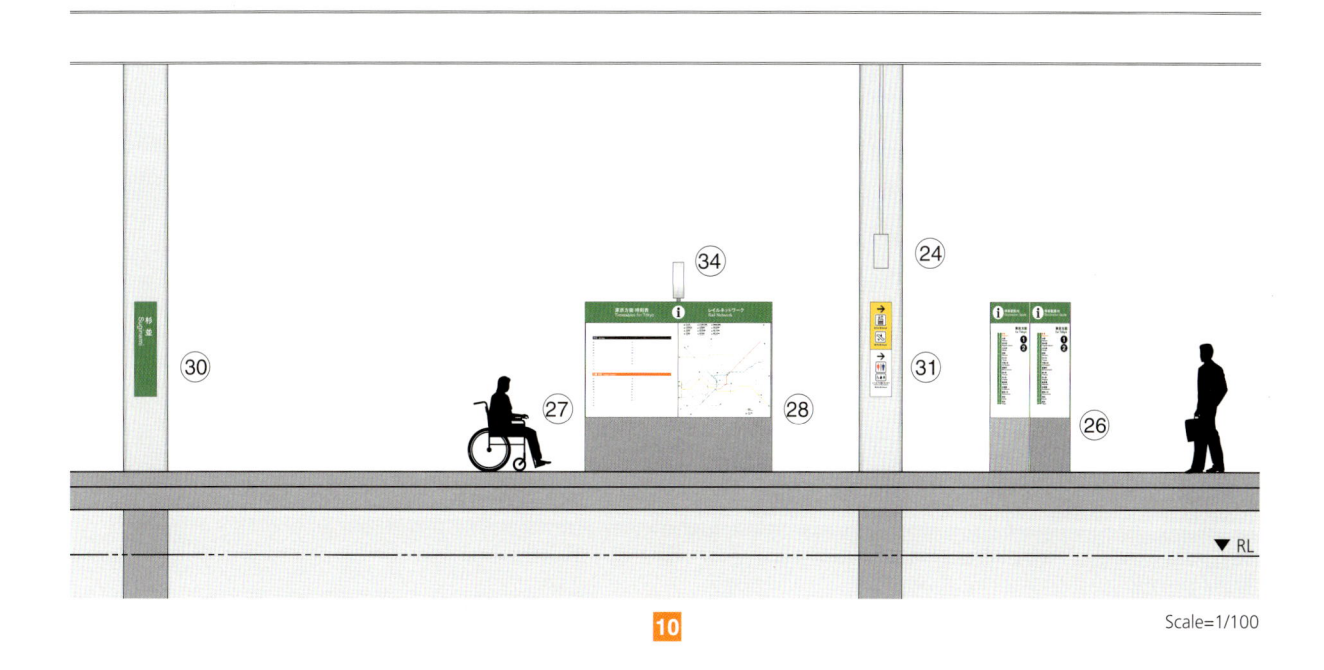

10

11

・この駅のホーム駅名標は、側壁側に20m間隔に配置する駅名標㉙と、ホーム上の独立柱に20m間隔に配置する補助駅名標㉚によって構成しています。

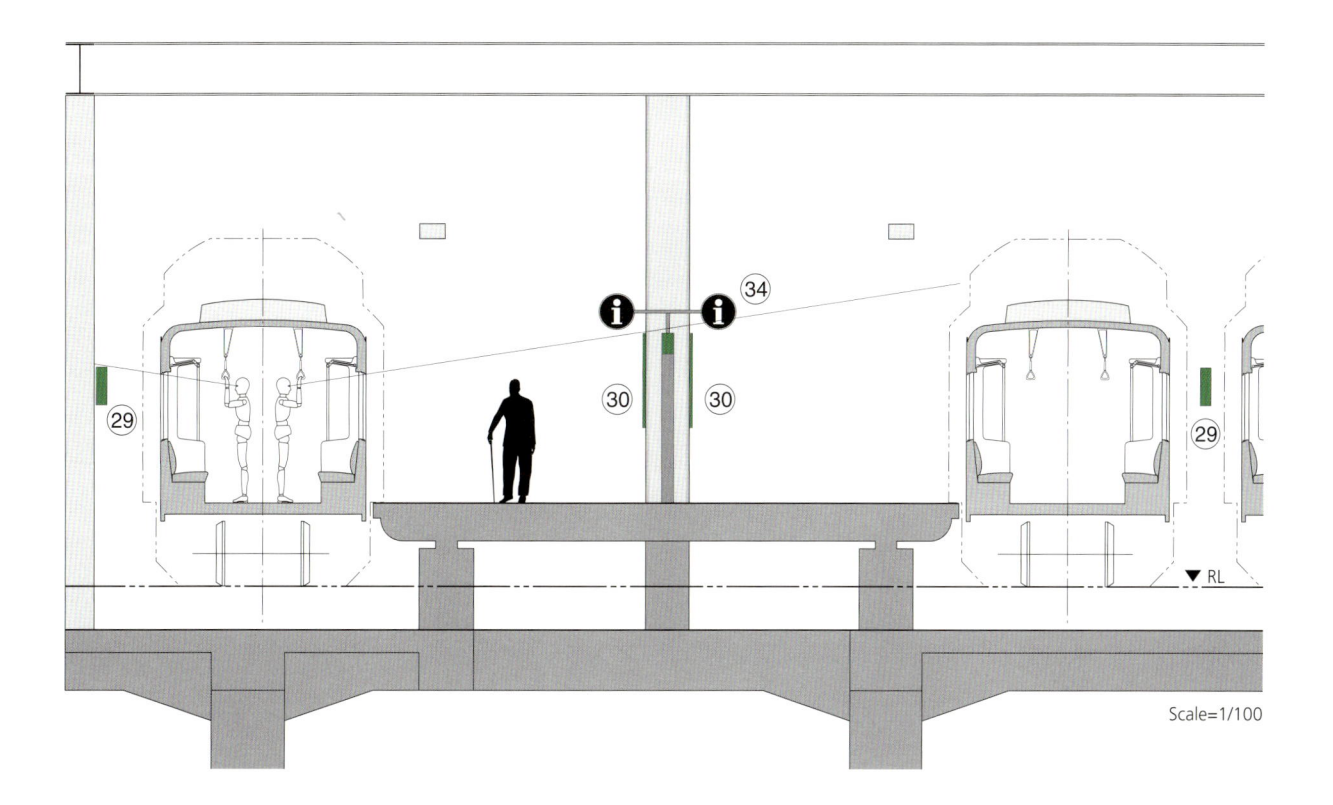

3］ホームから改札口へ

12

・階段の下り口に、改札出口誘導標+のりかえ誘導標+エレベーター誘導標+トイレ誘導標㉓を配置しました。高架駅のホーム階段では、延長方向から視界を塞ぐものはなく階段を挟んで両側から相互に見通せるため、この標の裏面も、改札出口誘導標+のりかえ誘導標+トイレ誘導標を表示します。（地下駅などのようにコンコースの下にホームがある場合、階段部が壁で覆われるため、通常㉓と同種のサインの裏面は、乗車系情報を表示することになります。）

・当該階段にはエスカレーターが併設されていて、また回り込んだ前方にエレベーターがあるため、このサインでは、ひとつの表示面の中で、エスカレーターとエレベーターの位置的な関係を対比的に理解できるようにレイアウトしています。

Scale=1/100

1. 高架駅のモデルデザイン

13

- エレベーターの扉のある側の高い位置に、延長方向から見えるようにエレベーター位置標㉜を配置しています。またエレベーターの扉位置には、「改札口行」と表示したエレベーター位置標㉝を配置しています。

Scale=1/100

14

- コンコースに下りて改札口の手前に、改札出口誘導標+のりかえ誘導標⑧を配置しました。この表示面は、5 アングルで見た、可変式情報表示装置⑧の裏面を利用しています。
- 上記の⑧の脇に、精算所位置標⑰を配置しました。延長方向から精算所施設そのものを視認できる場合は、誘導標ではなく位置標としています。

Scale=1/100

4］ 改札口からのりかえ口，北口へ

15

- 東西線改札口前に、「北口」と「南口」の出口方向を指示する駅出口誘導標⑱を配置しました。このサインは裏面も共通で、地下鉄から上がってきた利用者が、その裏面を見ることになります。
- この位置でのりかえへの情報は、のりかえ階段の前に配置している地下鉄環七線への改札入口誘導標㉑を、⑱と前後関係に視認して得ることになります（16 アングル、平面図参照）。
- 2 アングルで見た東西線への改札入口誘導標⑤は、当該⑱サインの手前にありますが、両者を離して設置しているため、改札口前で⑱が⑤により遮られることはありません。
- この駅では、北口広場と南口広場それぞれにバスとタクシーののりばがありますので、それらの情報を同じ⑱サインに表示しています。
- この駅では、可変式情報表示装置付のバス乗り継ぎ案内標⑲（P.72参照）を改札口前に配置しました。これによってよりスムーズにバスに乗り継ぐことができます。また系統別行先案内一覧表とバスのりば案内図を、可変式情報表示装置と一体的に表示しています。

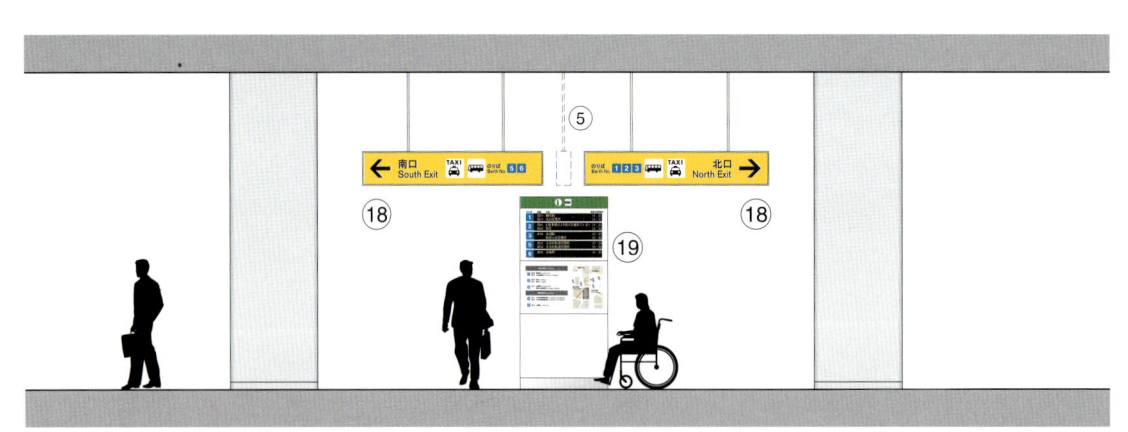

Scale=1/100

1. 高架駅のモデルデザイン

16
- 地下鉄環七線へののりかえ口には、改札入口誘導標+エレベーター経由改札入口誘導標㉑を配置しています。
- エレベーターを利用する人は、改札入口行エレベーター位置標㉒によって、エレベーター位置を確認します。

Scale=1/100

17
- 駅出口には、駅出口位置標+バスのりば誘導標+タクシーのりば誘導標③を配置しました。この裏面は 1 アングルで見た改札入口誘導標③です。
- このサインは、独立柱によって分断される各々の通路に配置しています。
- 出口に向かって対面する壁面に駅周辺案内図⑳（P.69参照）を配置しました。この案内図の図の向きは、掲出する空間上の左右方向と、図上の左右方向を一致させています。

Scale=1/100

1-5 アイテム・リスト

当駅の主要なサイン・アイテムの器具サイズ、グラフィックデザインを以下に一覧で示します。

番号	種別	外形寸法（縦×横）	表示面
①	駅入口位置標	1000×1000	
②	駅入口駅名標	1000×6400	
③	改札入口誘導標	450×4000	
	駅出口位置標 バスのりば誘導標 タクシーのりば誘導標	450×4000	
④	構内案内図	900×900	（P.67参照）
⑤	改札入口誘導標 トイレ誘導標	450×4000	
⑥	きっぷうりば誘導標	450×2500	
⑦	改札入口位置標 トイレ誘導標	450×5500	
⑧	可変式情報表示装置	450×4000	
	改札出口誘導標 のりかえ誘導標	450×4000	

1. 高架駅のモデルデザイン

番号	種別	外形寸法（縦×横）	表示面
⑨	のりば誘導標 トイレ誘導標	450×4500	← ❶❷ 東京方面 for Tōkyō　↑ 高尾方面 for Takao ❸❹ →
⑩	のりば誘導標	450×3000	↑ ❶❷ 東京方面 for Tōkyō
⑫	エレベーター誘導標	450×900	← [エレベーター]
⑬	エスカレーター誘導標	450×900	← [エスカレーター]
⑭	エレベーター位置標	300×600	[エレベーター] ❶❷ のりば行 to Platform
⑮	停車駅案内標	1800×900	東京方面 for Tōkyō　❶❷　高尾方面 for Takao　❸❹
⑯	トイレ位置標	450×2000	[トイレピクトグラム]
⑰	精算所位置標	450×2000	精算所 Fare Adjustment
⑱	駅出口誘導標	450×2500	← 南口 South Exit　TAXI　🚌 のりば Berth No. ５６
⑲	バス乗り継ぎ案内標	1400×1200	（P.72参照）

115

番号	種別	外形寸法（縦×横）	表示面
⑳	駅周辺案内図	1250×1250	（P.69参照）
㉑	改札入口誘導標 エレベーター経由 改札入口誘導標	450×4000	
㉒	改札入口行 エレベーター位置標	450×2000	
㉓	改札出口誘導標 のりかえ誘導標 エレベーター誘導標 トイレ誘導標	450×4500	
㉔	可変式情報表示装置	450×2250	
㉚	補助駅名標	300×1250	
㉛	エレベーター・エスカレーター・トイレ補助誘導標	300×1250	
㉜	エレベーター位置標	450×900	
㉝	エレベーター位置標	300×450	
㉞	情報コーナー位置標	480φ	

2.
地下駅のモデルデザイン

2-1 コードプランニング

1] 基本的な空間部位の名称

ここでは、地下駅のモデルデザインの例を示します。モデルデザインの前提条件は前章と共通です。地下駅の基本的な空間部位の名称を、次のように設定しました。

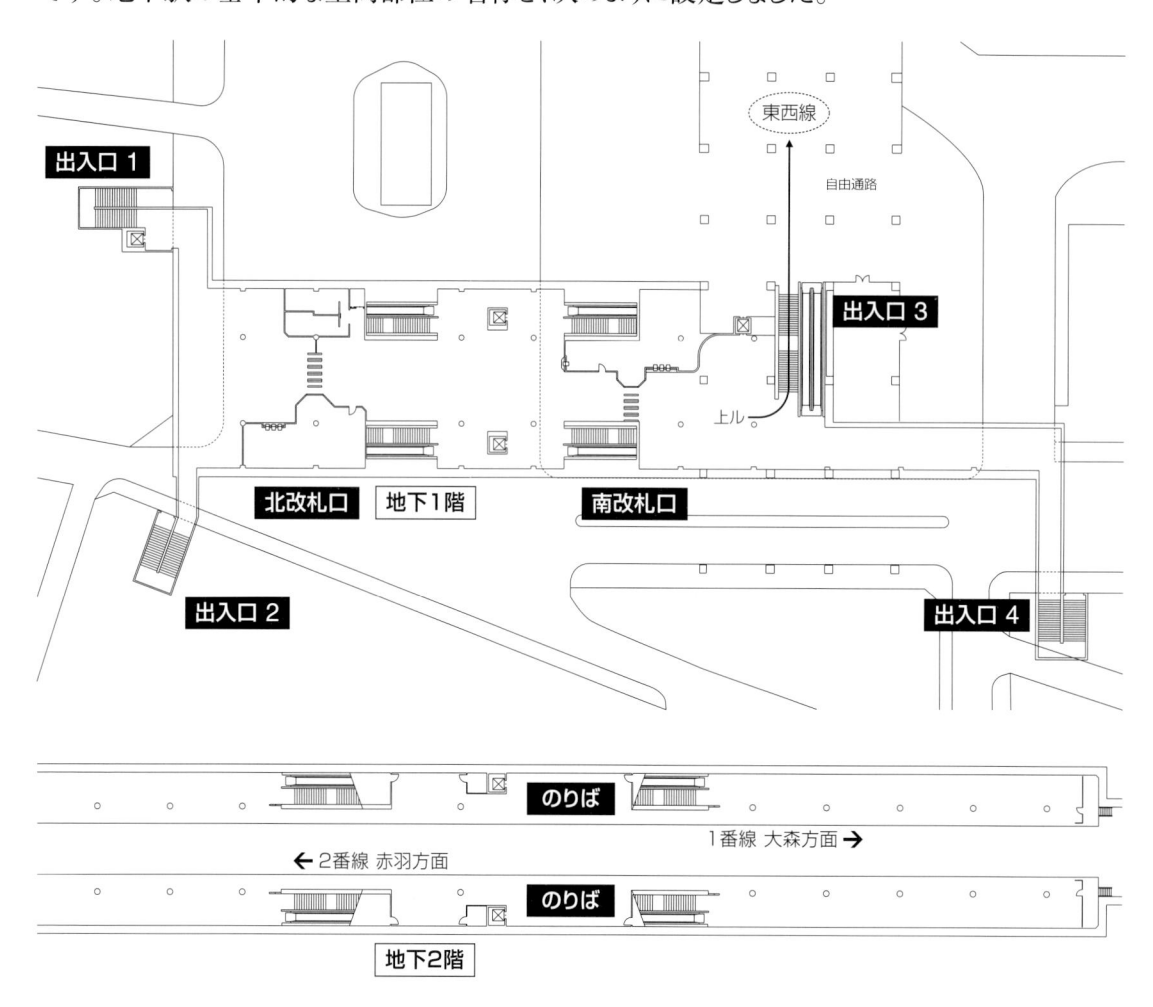

空間部位		日本語	英 語
駅出入口	駅入口	「出入口1」「出入口2」 「出入口3」「出入口4」	「Entrance 1」「Entrance 2」 「Entrance 3」「Entrance 4」
	駅出口	「出口1」「出口2」 「出口3」「出口4」	「Exit 1」「Exit 2」 「Exit 3」「Exit 4」
改札口	改札入口	「環七線北改札口」 「環七線南改札口」	「North Gates of Kannana Line」 「South Gates of Kannana Line」
	改札出口	「北改札口」「南改札口」	「North Gates」「South Gates」
乗降場		「のりば」	「Track(s)」
		「① 大森方面」「② 赤羽方面」	「① for Ōmori」「② for Akabane」

2］ 個別サインの種類と表現コード

空間部位毎に必要な個別サインの種類と各々の表現コードを、次のように設定しました。

	個別サインの名称	表示する表現コード
① 駅出入口 に設置するサイン	駅入口位置標	🚃
	駅入口駅名標	MA 環七線　杉並駅 Kannana Line　Suginami Sta.
	エレベーター位置標	🛗 🚃 環七線 Kannana Line
	駅出口位置標	出口 1 Exit
		出口 2 Exit
		出口 3 Exit
		出口 4 Exit
	エレベーター入口案内図	（省略、I部第2章参照）

	個別サインの名称	表示する表現コード
② ラチ外コンコース に設置するサイン	改札入口誘導標	↑ 🚃 環七線 Kannana Line
	きっぷうりば位置標	🎫 きっぷうりば Tickets
	改札入口位置標	🚃 MA 環七線 北改札口 North Gates of Kannana Line
		🚃 MA 環七線 南改札口 South Gates of Kannana Line
	駅出口誘導標	↑ 出口 1 Exit
		↑ 出口 2 Exit
		↑ 🛗 出口 3 🚌 🚕 Exit
		↑ 出口 4 Exit
	のりかえ誘導標	↑ 🛗 🚃 東西線 Tōzai Line
	エレベーター経由 駅出口誘導標	↑ 🛗 出口 1 Exit
		↑ 🛗 出口 3 🚌 🚕 Exit
	エレベーター経由 のりかえ誘導標	↑ 🛗 🚃 東西線 Tōzai Line
	エレベーター位置標	🛗 出口 1 Exit

		🛗 出口 3 🚌 🚕 Exit
		🛗 🚆 東西線 Tōzai Line
	トイレ誘導標	↑ 🚹🚺 ♿
	可変式情報表示装置	（省略、I部第2章参照）
	構内案内図	（省略、I部第2章参照）
	駅周辺案内図	（省略、I部第2章参照）
	駅周辺施設列記式 駅出口誘導標	（省略）

	個別サインの名称	表示する表現コード
③ ラチ内コンコース に設置するサイン	のりば誘導標	↑ 1 大森方面 for Ōmori
		↑ 2 赤羽方面 for Akabane
		↑ 1 代田橋 洗足 大森方面 for Daitabashi, Senzoku, Ōmori
		↑ 2 野方 新桜台 赤羽方面 for Nogata, Shin-sakuradai, Akabane
	階段誘導標	↑ 🚶
	エスカレーター誘導標	↑ 🛗
	エレベーター誘導標	↑ 🛗
	エレベーター位置標	🛗 1 のりば行 to Track
		🛗 2 のりば行 to Track
	トイレ誘導標	↑ 🚹🚺 ♿
	トイレ位置標	🚹🚺 ♿
	改札出口誘導標	↑ 北改札口 North Gates
		↑ 南改札口 🚌 🚕 South Gates
		↑ 北改札口・南改札口 North Gates, South Gates
	のりかえ誘導標	↑ 🚆 東西線 Tōzai Line
	改札出口位置標	北改札口 North Gates
		南改札口 South Gates

2. 地下駅のモデルデザイン

	のりかえ改札口位置標	🚆 東西線のりかえ口 Transfer to Tōzai Line
	精算所位置標	精算所 Fare Adjustment
	停車駅案内標	（省略）
	構内案内図	（省略、I部第2章参照）
	駅周辺施設列記式 改札出口誘導標	（省略）

	個別サインの名称	表示する表現コード
④ ホーム に設置するサイン	のりば位置標	**1** 代田橋 洗足 大森方面 for Daitabashi, Senzoku, Ōmori **2** 野方 新桜台 赤羽方面 for Nogata, Shin-sakuradai, Akabane
	可変式情報表示装置	（省略、I部第2章参照）
	ホーム駅名標	前駅名　杉並　次駅名 Suginami
	補助駅名標	杉並 Suginami
	改札出口誘導標	↑ 北改札口・南改札口 North Gates, South Gates
	のりかえ誘導標	↑ 🚆 東西線 Tōzai Line
	階段誘導標	↑ 🚶
	エスカレーター誘導標	↑ 🛗
	エレベーター誘導標	↑ 🛗
	エレベーター位置標	🛗 改札口行 to Gates
	トイレ誘導標	↑ 🚻 ♿
	エレベーター・エスカレー ター・トイレ補助誘導標	↑ 🛗 🛗 🚻 ♿ 距離表示
	情報コーナー位置標	ⓘ
	停車駅案内標	（省略）
	路線網図	（省略）
	時刻表	（省略）
	移動円滑化設備 位置案内図	（省略）
	駅周辺施設列記式 改札出口誘導標	（省略）

2-2 動線分析と配置計画

1] コンコース

　地下駅コンコース階の利用者動線分析を右図に、サインシステムの平面配置を下図に示します。バスのりば及びタクシーのりばへ乗り継ぐ動線は、南改札口から出入口3を経て、自由通路を通り北口または南口へと至るルートとしました。これは次のような判断基準によるものです。a. 経路をなるべく短くする　b. 昇降移動の回数をなるべく少なくする　c. 経路が移動円滑化されている　d. 誘導を単純にするために経路を分散させない

1. 遠方から駅入口位置を発見しやすいように、歩道上に駅入口位置標①を配置しました。
2. エレベーターが併設されていない出入口には、エレベーターが併設されている最寄りの出入口までの経路を示したエレベーター入口案内図④を配置しました。
3. ホームから上ってきた利用者の動線と対面する向きに、パネル式の駅周辺施設列記式改札出口誘導標⑲と、改札出口誘導標、のりかえ誘導標、トイレ誘導標⑱を配置しました。
4. 駅周辺案内図㉒と駅周辺施設列記式駅出口誘導標㉖は集約して配置しました。駅周辺施設列記式駅出口誘導標は、各出入口階段へ至る連絡通路付近にも配置しました。

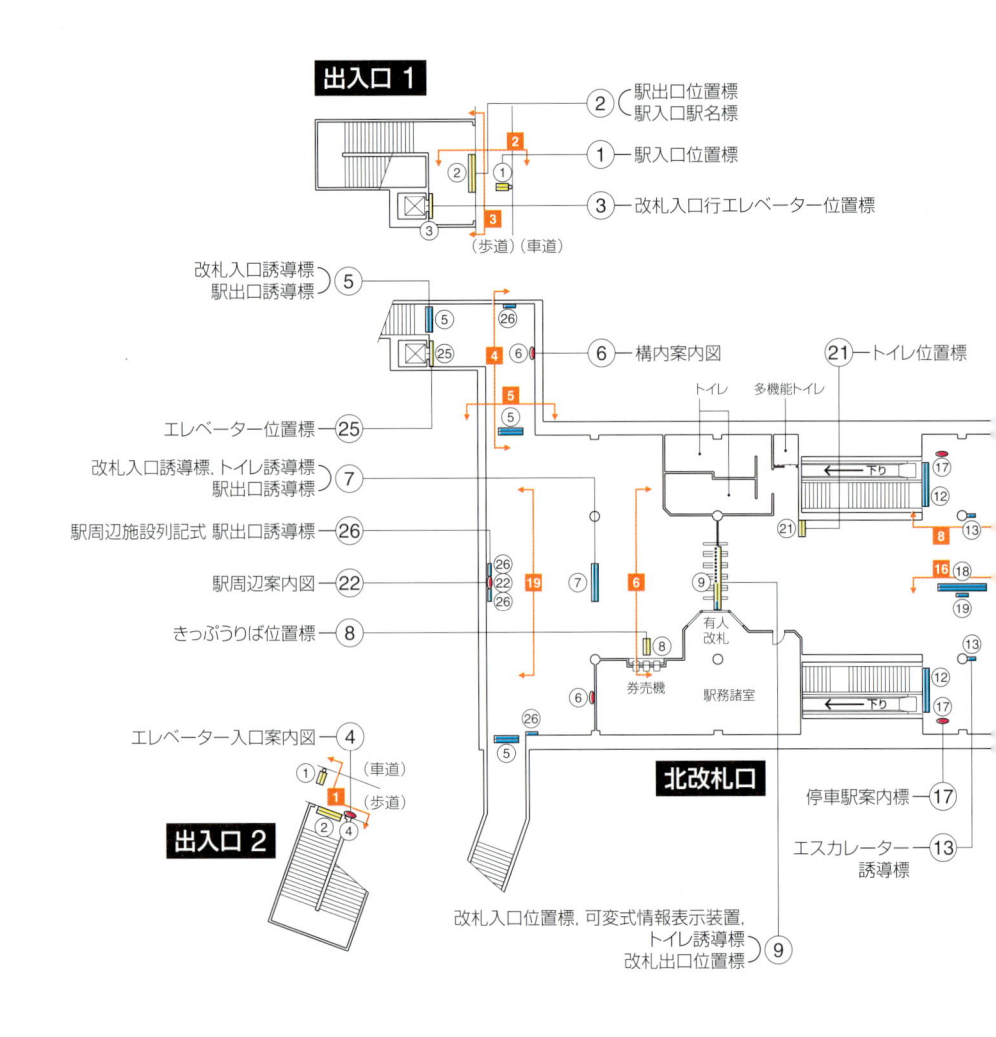

2. 地下駅のモデルデザイン

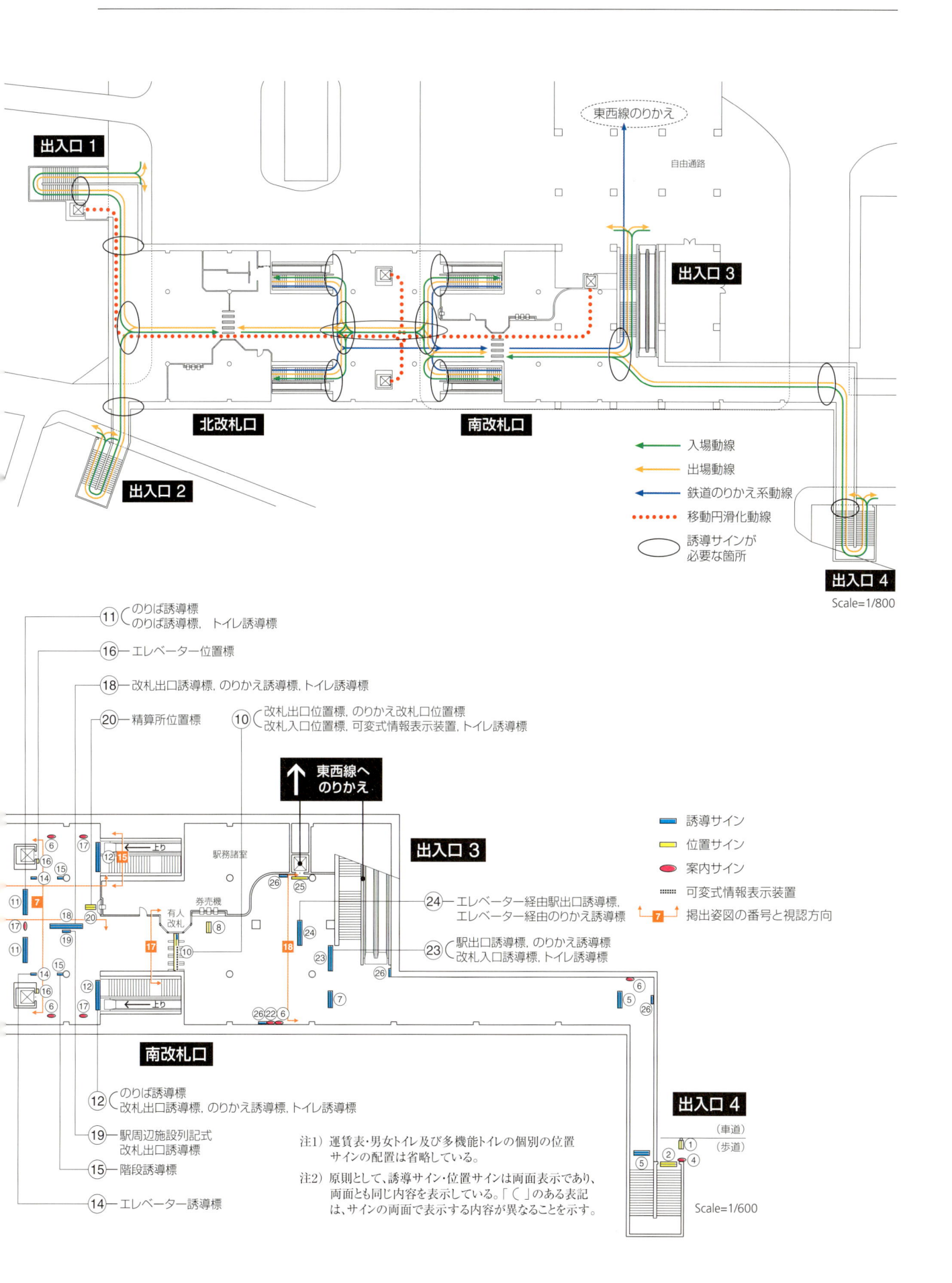

2] ホーム

　地下駅ホーム階の利用者動線分析を右図に、サインシステムの平面配置を下図に示します。

1. 2本のホームでの基本的なサイン配置は同じです。
2. 階段を下りた利用者が視認しやすいように、階段部から10m付近に可変式情報表示装置㉘を配置しました。そこから25〜30m程度のピッチでのりば位置標㉙を配置しました。
3. 階段部およびエレベーター部から10m付近のホーム壁面に、案内サイン類を集約して配置しました(㉚,㉛,㉜,㊶)。利用者の動線を考慮して、階段もしくはエレベーターに近いほうに乗車系情報、遠いほうに降車系情報を表示するサインを配置しました。
4. 案内サイン類の位置がホーム延長方向から発見しやすいように、案内サイン類が集約している位置のホーム縁端部に情報コーナー位置標㊵を配置しました。
5. 移動円滑化設備位置案内図+駅周辺施設列記式改札出口誘導標㊶は、下車した利用者が発見しやすいように、情報コーナー部以外にも配置しました。
6. 駅名標㉝は、1車両につき1か所を配置間隔の目安としました(本図では20mピッチ)。
7. 全ての独立柱の軌道側に補助駅名標㉞、ホーム側にエレベーター・エスカレーター・トイレ補助誘導標㉟を配置しました。

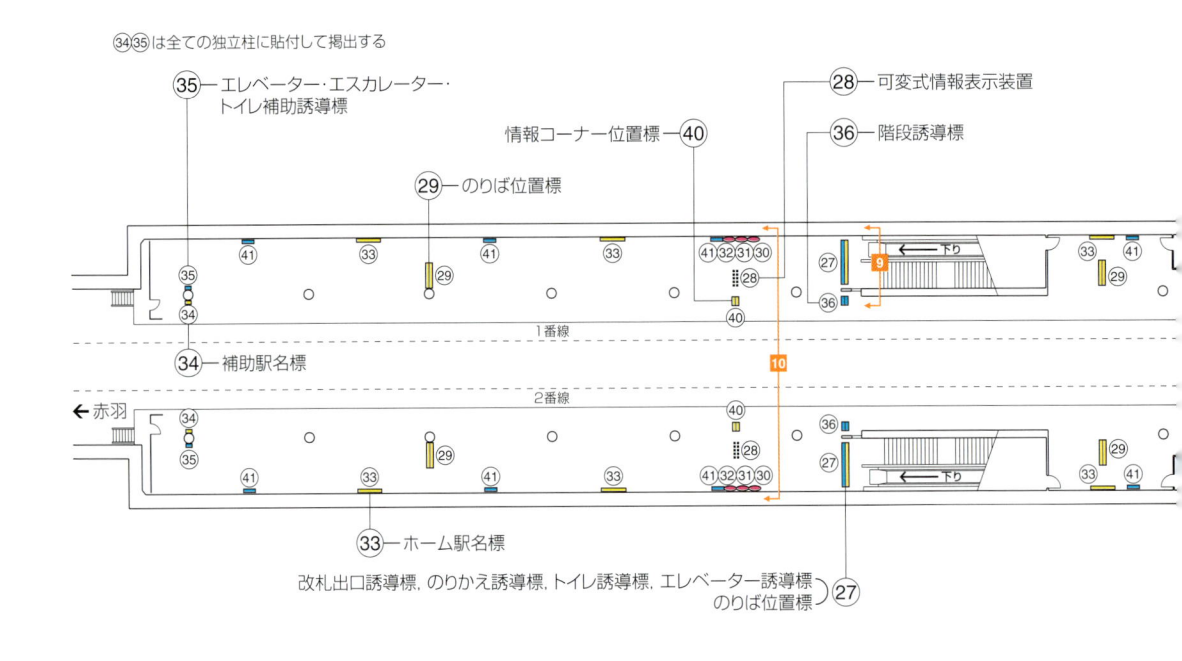

2. 地下駅のモデルデザイン

8. ホームの延長方向から昇降設備の位置が確認しやすいように、上りエスカレーターを併設した階段口位置にはエスカレーター誘導標㊳を、もう一方の階段口位置には階段誘導標㊱を、エレベーター位置には、エレベーター誘導標㊲を、それぞれホーム縁端部に配置しました。

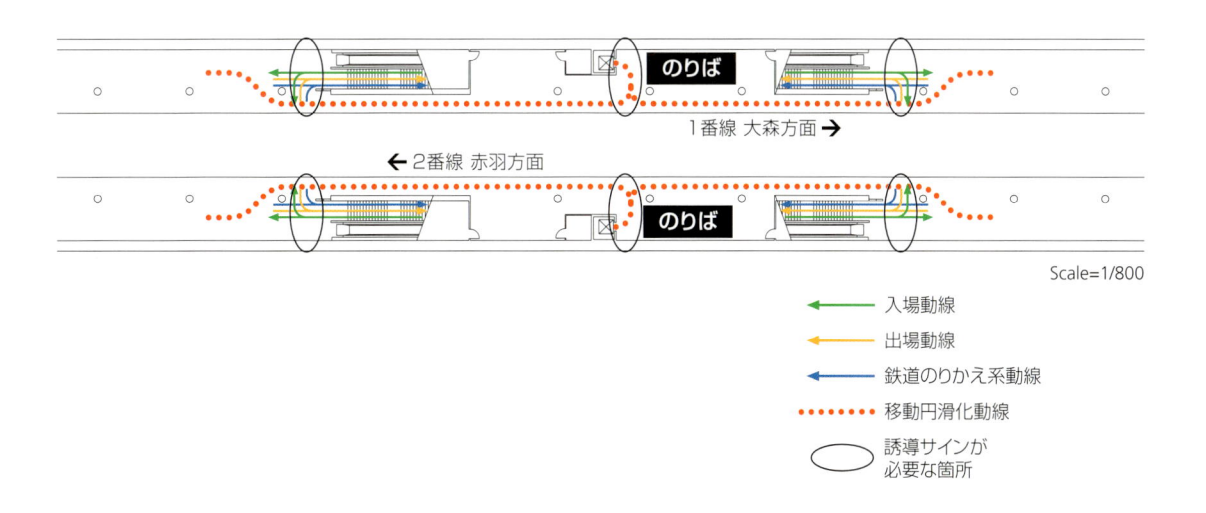

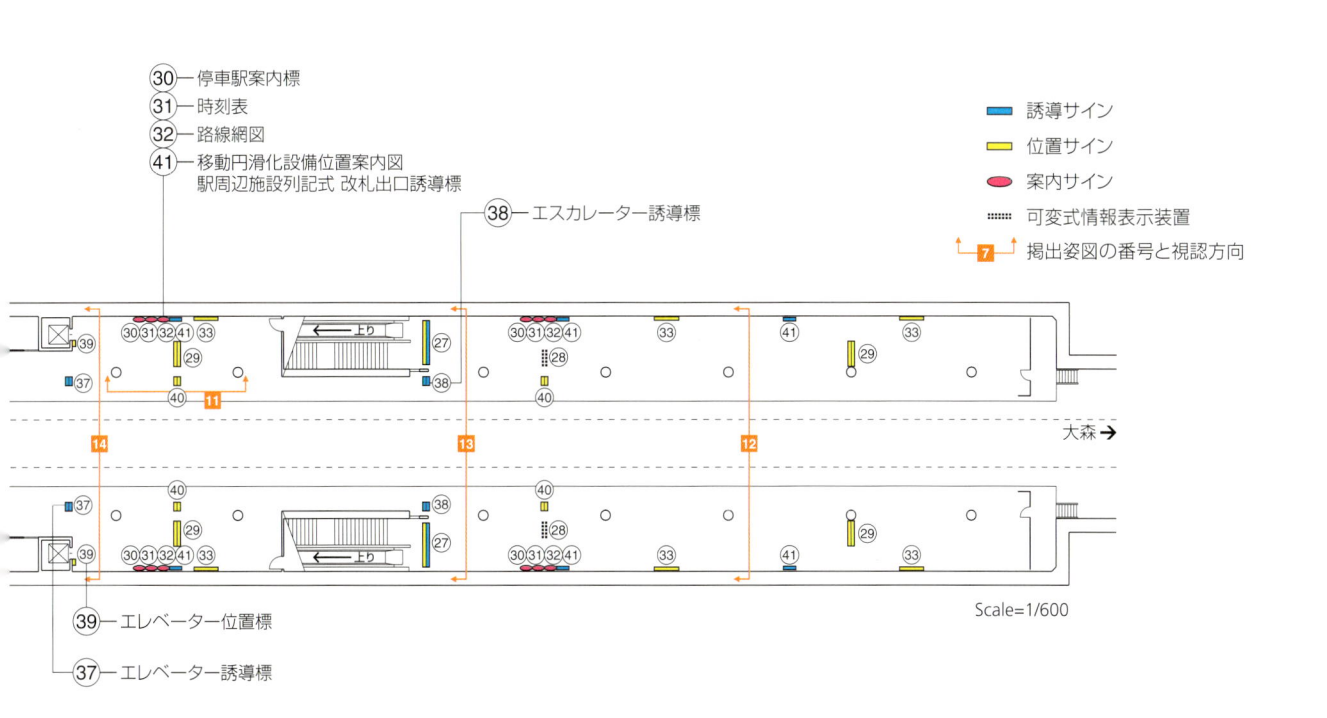

Scale=1/800

→ 入場動線
→ 出場動線
→ 鉄道のりかえ系動線
••••••• 移動円滑化動線
◯ 誘導サインが必要な箇所

㉚ー停車駅案内標
㉛ー時刻表
㉜ー路線網図
㊶ー移動円滑化設備位置案内図
　　駅周辺施設列記式 改札出口誘導標
㊳ーエスカレーター誘導標

■ 誘導サイン
■ 位置サイン
● 案内サイン
▦ 可変式情報表示装置
7 掲出姿図の番号と視認方向

大森→

㊴ーエレベーター位置標
㊲ーエレベーター誘導標

Scale=1/600

2-3 サインシステムの掲出姿図

■ 基本的な仕様設定

① 地下駅のコンコース及びホームの天井高さは3.0mである。
② 吊り下げ型サインの基本的な器具サイズ・モジュール（H×W,mm）は、300×700、300×1300、300×2000、300×3000、300×3500、300×4000、300×4400とし、掲出高さは2500mmとする。
③ 文字の大きさ基準は、和文文字高80mm、英文文字高60mmとする。この文字高の有効視距離は20m程度と想定できる。
④ 表示面のベース色は、入場動線用は路線色によるシンボルを用いる前提から白、出場動線用を黄色とする。
⑤ MA会社の企業色（ブルー）を、駅入口駅名標、ホーム駅名標、そのほか路線に関する情報を表示する各サインのアイキャッチャーに用いる。

1］駅出入口から改札口へ

1

・出入口2前の遠くから視認しやすい歩道上に、駅入口位置標①を配置しました。この大きさに表示すると、有効視距離は80m程度と想定できます。
・入口部には企業色を用いた駅入口駅名標②を配置しました。
・この駅出入口にはエレベーターが設置されていないため、エレベーターのある出入口1の位置を案内する、エレベーター入口案内図④（P.66参照）を配置しました。

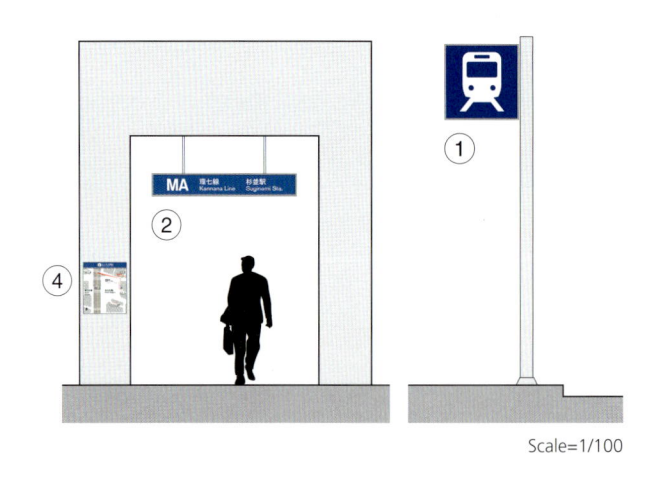

Scale=1/100

2

・出入口2のエレベーター入口案内図によって導かれた出入口1前にも、遠くから視認しやすい歩道上に駅入口位置標①を配置しています。

3

・駅入口駅名標②を見てこの出入口に入ると、すぐにエレベーターを見つけられます。そのエレベーター扉上部に、改札入口行エレベーター位置標③を配置しました。

2. 地下駅のモデルデザイン

2 Scale=1/100

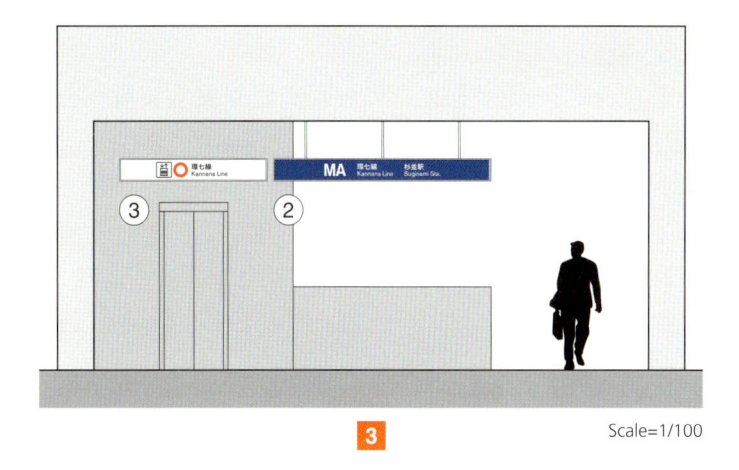

3 Scale=1/100

4

・駅出入口から地下1階に下りてすぐ対面する壁面に、入場動線用構内案内図⑥(P.137参照)を配置しました。

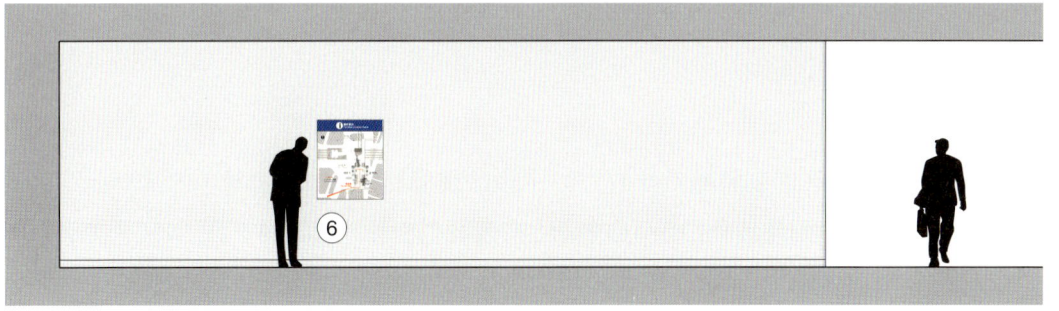

Scale=1/100

5

・出入口通路からラチ外コンコースに入る動線上に、改札入口誘導標⑤を配置しました。

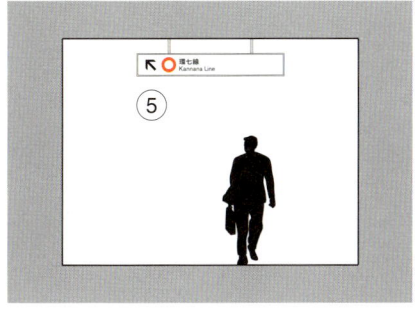

Scale=1/100

2］改札口からホームへ

6

・改札口の改札機上部に可変式情報表示装置⑨を配置しました。この装置にはアナログ時計を併設しています。またこの装置には並列して、改札入口位置標+トイレ誘導標を表示しています。

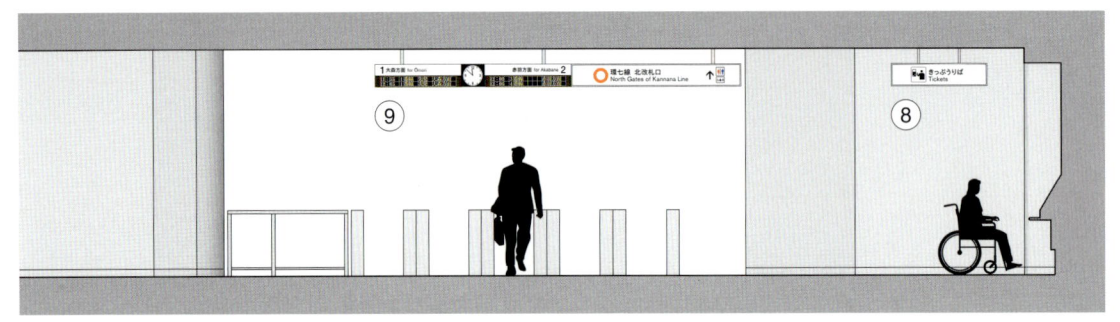

Scale=1/100

7

・ラチ内コンコースの乗車系動線の分岐点に、のりば誘導標+トイレ誘導標⑪と、停車駅案内標⑰を配置しました。なお北改札口からの動線と南改札口からの動線がずれているため、⑪のサインはそれぞれの動線の正面に位置するように2台の器具を用いて配置しています。
・エレベーターの扉位置には、エレベーターの行先を表示したエレベーター位置標⑯を配置しています。

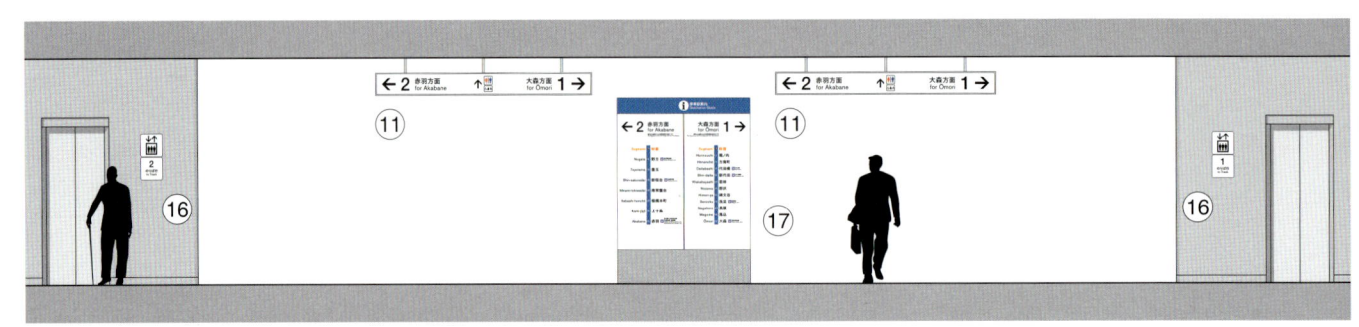

Scale=1/100

2. 地下駅のモデルデザイン

8

- この駅ではラチ内コンコースからホームに至る経路に、エスカレーター経由、エレベーター経由、階段経由の別があり、それぞれの設備が行先方面別に改札口から入って右手と左手に並んでいます。利用者が任意の設備を選択できるように、エスカレーター誘導標⑬、エレベーター誘導標⑭、階段誘導標⑮を展開状に並べました（平面図参照）。
- ホーム階段の下り口に、停車駅案内標⑰を配置しました。
- 出場動線用構内案内図⑥（P.137参照）は、エレベーター利用者が発見しやすい位置に配置しました。

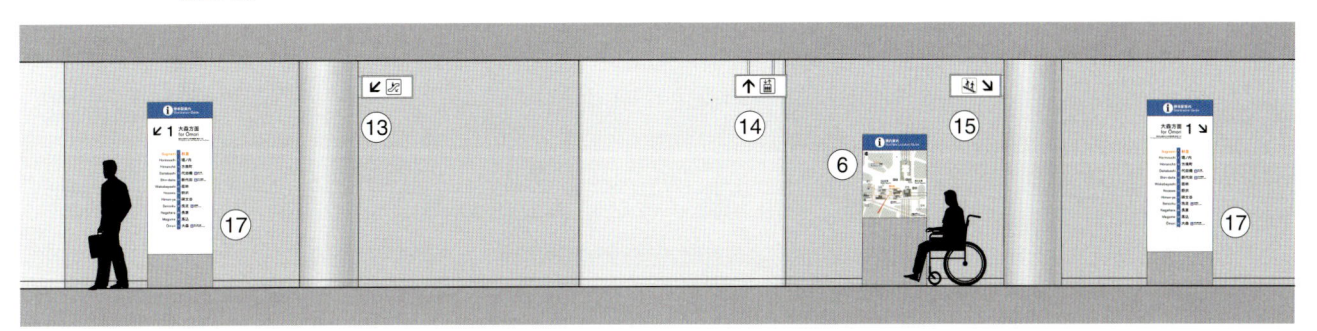

Scale=1/100

9

- ラチ内コンコースから階段・エスカレーターを経てホームに至った位置に、のりば位置標㉗を配置しました。この標では行先方面にある主要な3駅を表示しています。利用者が目的駅を確認するにはこのサインのみでは不充分で、この近くに停車駅案内標を配置する必要があります。

Scale=1/100

10

- ホーム階段口から10m付近に可変式情報表示装置㉘を配置しました。
- またこの装置付近の対向壁に情報コーナーがあるため（11アングル参照）、ホームの延長方向から視認できる位置に情報コーナー位置標㊵を配置しています。

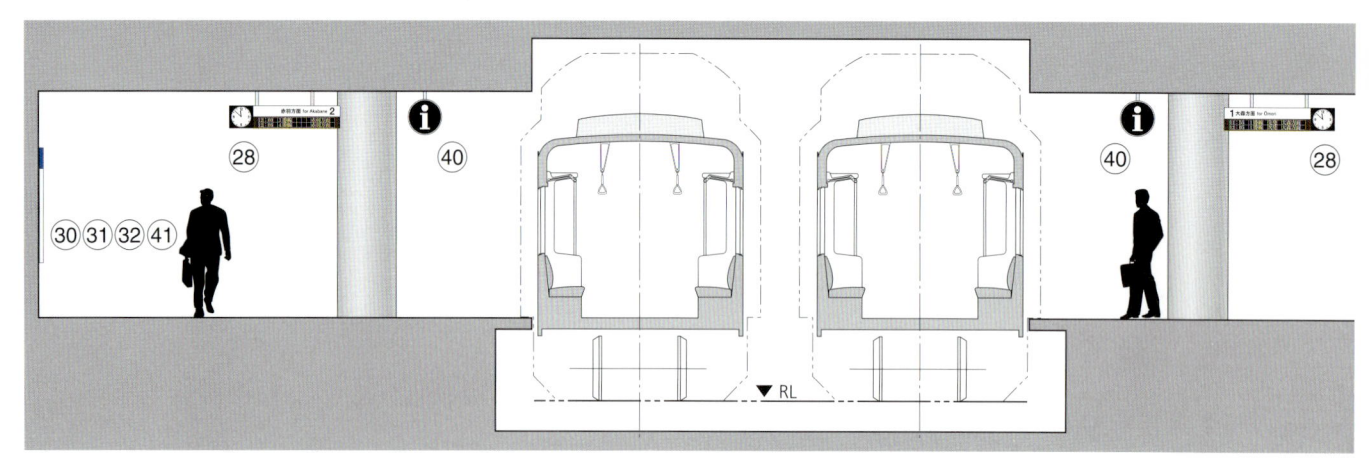

Scale=1/100

11 12

- ホーム階段口及びエレベーター口から10m付近に情報コーナーを形成する、停車駅案内標㉚、時刻表㉛、鉄道ネットワーク図㉜、移動円滑化設備位置案内図＋駅周辺施設列記式改札出口誘導標㊶を配置しました。
- ホーム駅名標は、対向壁に設置する駅名標㉝と、独立柱軌道側に設置する補助駅名標㉞で構成しています。
- 独立柱の対向壁側には、エレベーター・エスカレーター・トイレ補助誘導標㉟を配置しています。

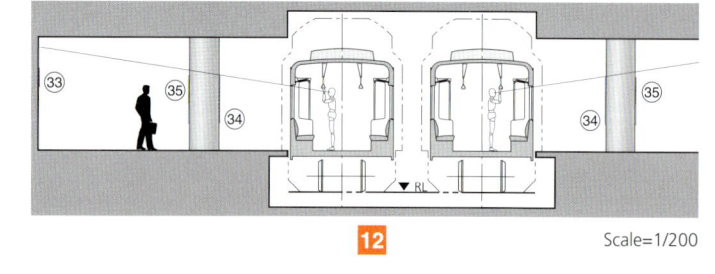

Scale=1/200

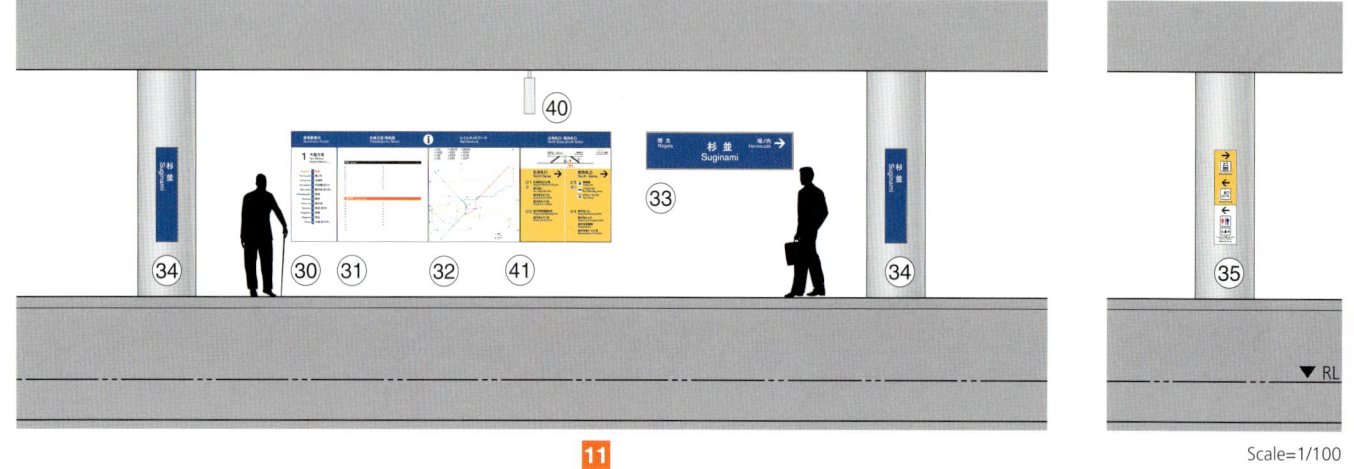

Scale=1/100

3］ホームから改札口へ

13

・降車系動線上のホーム階段の正面に、改札出口誘導標+のりかえ誘導標+エレベーター誘導標+トイレ誘導標㉗を配置しました。
・㉗位置の軌道側に、ホームの延長方向からエスカレーター位置を察知できるように、エスカレーター誘導標㊳を配置しました。

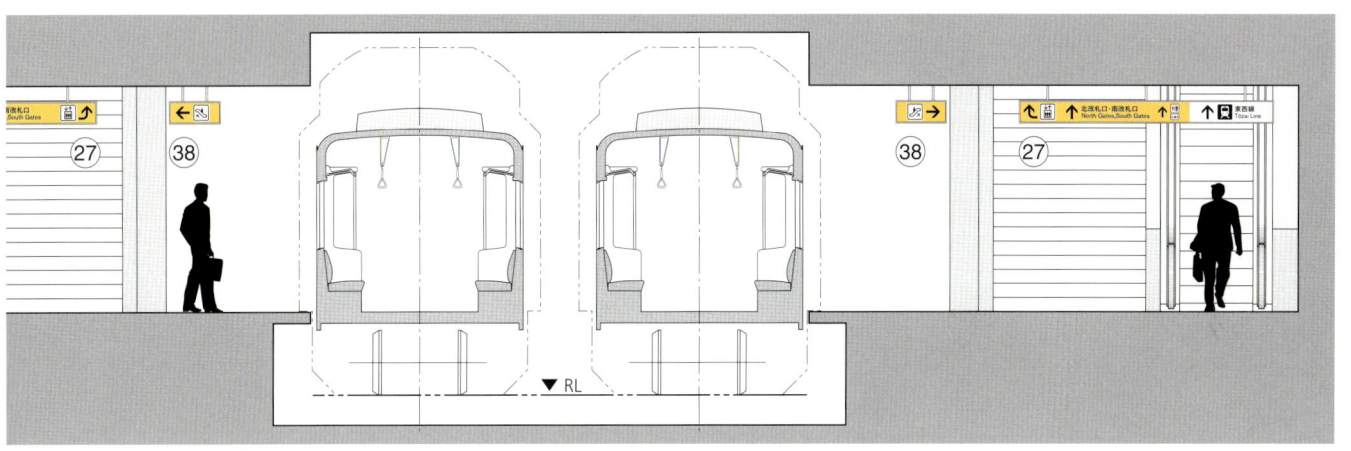

Scale=1/100

14

・ホーム上のエレベーター付近では、ホームの延長方向からエレベーター位置を察知できるように、エレベーター誘導標㊲を配置しました。
・エレベーターの扉位置には、エレベーターの行先を表示したエレベーター位置標㊴を配置しています。

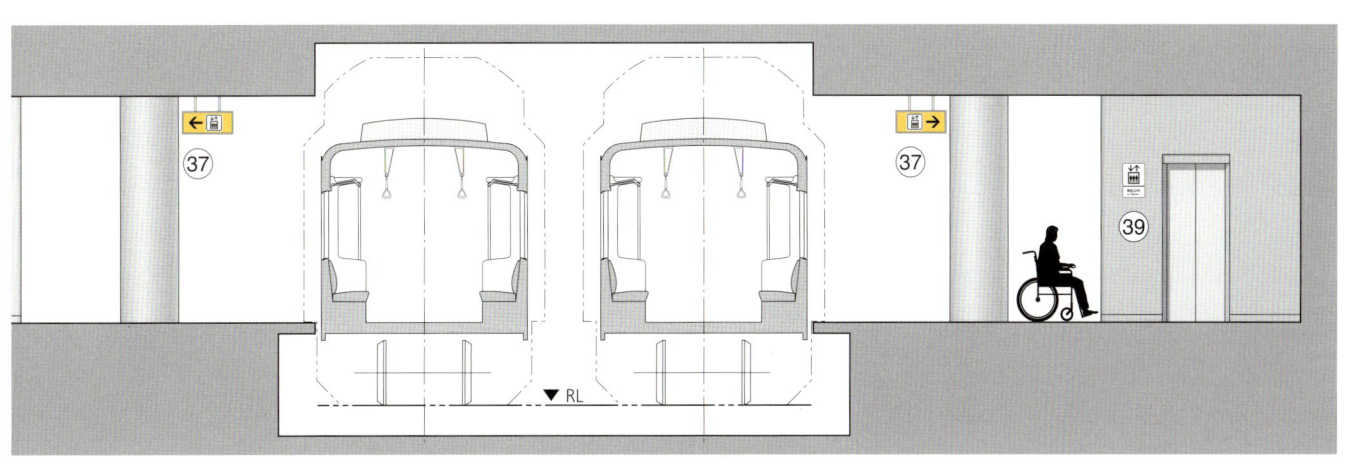

Scale=1/100

15

・ホーム階段を上った位置に、改札出口誘導標+のりかえ誘導標+トイレ誘導標⑫を配置しました。

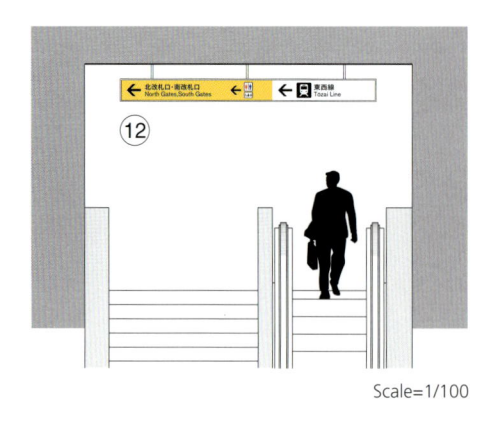

Scale=1/100

16

・この駅では、いずれのホーム階段を上ってきても右回り方向、左回り方向それぞれに北改札口あるいは南改札口があるため、ラチ内コンコースの中央部に出場動線を左右へ振り分ける、改札出口誘導標+のりかえ誘導標+トイレ誘導標⑱を配置しました。
・⑱のサインの下には、駅周辺施設列記式改札出口誘導標⑲を配置しています。

Scale=1/100

2. 地下駅のモデルデザイン

4］改札口から駅出口へ

17
・改札口の改札機上部に、改札出口位置標+のりかえ改札口位置標⑩を配置しました。

19
・改札口付近の出口方向に向かって対面する壁面に、駅周辺案内図㉒（P.69参照）と、駅周辺施設列記式駅出口誘導標㉖を集約して配置しました（この図では、駅出口の振り分けモデルを図示するために、北改札口側を描いています）。

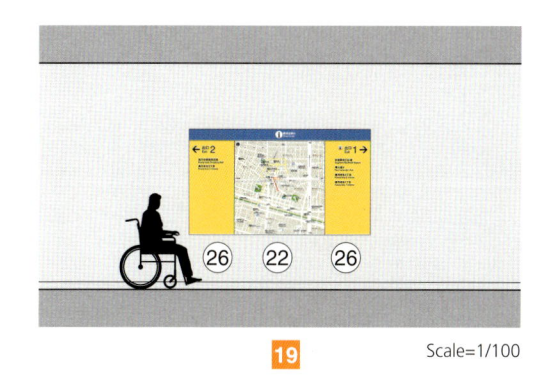

17 Scale=1/100

19 Scale=1/100

18
・東西線へののりかえ経路にあたる出口に至る位置では、駅出口誘導標+のりかえ誘導標㉓と、エレベーター経由駅出口誘導標+エレベーター経由のりかえ誘導標㉔を配置しました。
・また出入口階段の上り口に駅周辺施設列記式駅出口誘導標㉖を配置しました。
・⑦はその奥にある駅出口の方向を指示する駅出口誘導標です。

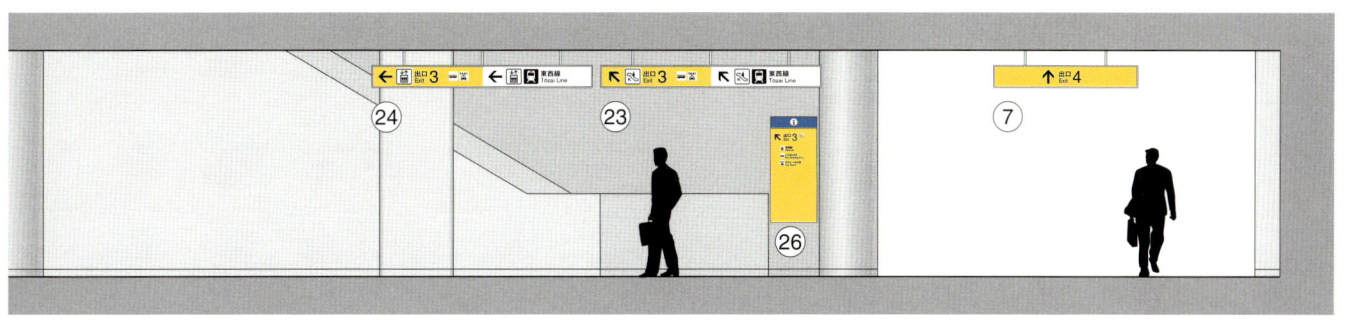

Scale=1/100

2-4 アイテム・リスト

当駅の主要なサイン・アイテムの器具サイズ、グラフィックデザインを以下に一覧で示します。

番号	種別	外形寸法（縦×横）	表示面
①	駅入口位置標	1000×1000	
②	駅入口駅名標	300×3000	
③	改札入口行 エレベーター位置標	300×2000	
④	エレベーター入口 案内図	600×600	（P.66参照）
⑤	改札入口誘導標	300×2000	
⑥	構内案内図	900×900	（P.137参照）
⑧	きっぷうりば位置標	300×1300	
⑨	可変式情報表示装置 改札入口位置標 トイレ誘導標	300×5000	
⑩	改札出口位置標 のりかえ改札口位置標	300×4400	
⑪	のりば誘導標 トイレ誘導標	300×3000	
⑫	改札出口誘導標 のりかえ誘導標 トイレ誘導標	300×3500	
⑬	エスカレーター誘導標	300×700	

2. 地下駅のモデルデザイン

番号	種別	外形寸法（縦×横）	表示面
⑭	エレベーター誘導標	300×700	
⑮	階段誘導標	300×700	
⑯	エレベーター位置標	300×600	
⑰	停車駅案内標	1800×900	（P.70参照）
⑱	改札出口誘導標 のりかえ誘導標 トイレ誘導標	300×4000	
⑲	駅周辺施設列記式 改札出口誘導標	1250×1250	
㉒	駅周辺案内図	1250×1250	（P.69参照）
㉓	駅出口誘導標 のりかえ誘導標	300×3000	
㉔	エレベーター経由 駅出口誘導標 エレベーター経由 のりかえ誘導標	300×3000	
㉕	エレベーター位置標	300×2000	

135

番号	種別	外形寸法（縦×横）	表示面
㉖	駅周辺施設列記式 駅出口誘導標	1250×625	
㉗	のりば位置標	300×3500	
	改札出口誘導標 のりかえ誘導標 トイレ誘導標 エレベーター誘導標	300×3500	
㉘	可変式情報表示装置	300×1500	
㉝	ホーム駅名標	500×2000	
㉞	補助駅名標	1250×300	
㉟	エレベーター・ エスカレーター・ トイレ補助誘導標	1250×300	
㊲	エレベーター誘導標	300×700	
㊳	エスカレーター誘導標	300×700	

2. 地下駅のモデルデザイン

番号	種別	外形寸法（縦×横）	表示面
㊴	エレベーター位置標	300×450	
㊵	情報コーナー位置標	450φ	
㊶	移動円滑化設備 位置案内図 駅周辺施設列記式 改札出口誘導標	1250×1250	（P.71参照）

⑥ 構内案内図のグラフィックデザイン

■ 入場動線用

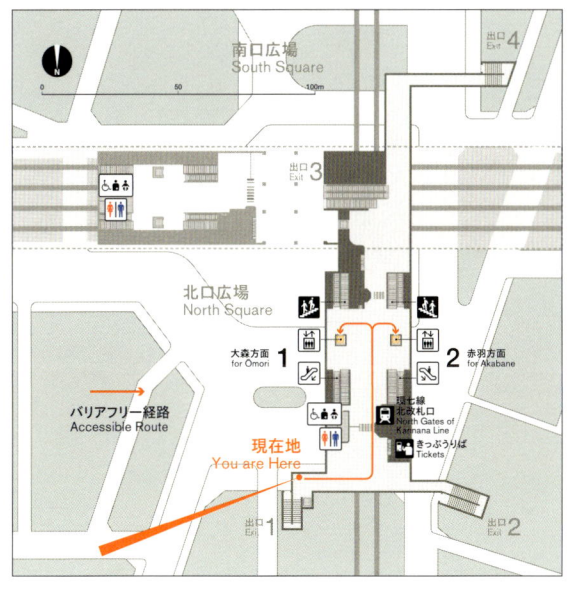

（900×900, Scale=1/12）

■ 出場動線用

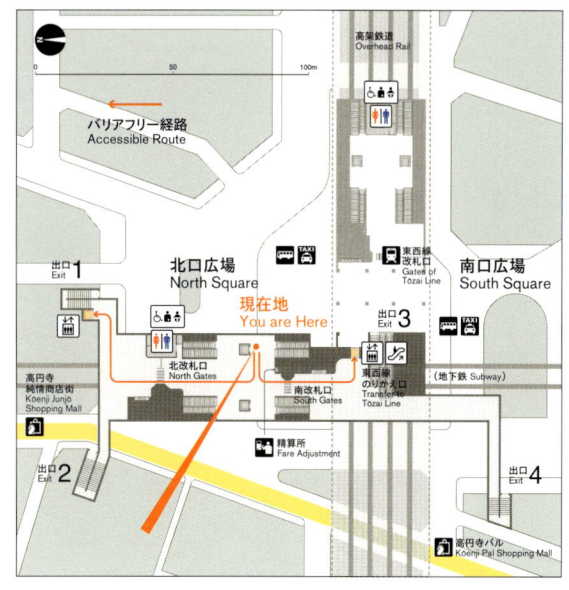

（900×900, Scale=1/12）

137

3.
ターミナル駅のモデルデザイン

3-1 モデルデザインの前提条件

　実在する横浜駅は5社の鉄道が結節し、利用者数が1日あたり200万人に達する大規模ターミナル駅です。この横浜駅で現在、新線の乗り入れを契機に、新たに東西の自由通路2本と南北の連絡通路を整備する「横浜駅整備事業」が進められています。

　横浜市都市計画局では、この整備に伴って、自由通路等の利用者の円滑なモビリティを確保するため、関係鉄道事業者等と連携して統一的な考え方に基づく「全域共通サインシステム」を検討し、このほどその概要がまとまりました。

　このガイドブックでは、上記の検討資料の提供を受けて、その例をもとに5路線が結節する仮想「港中央ターミナル駅」の中央自由通路部分のサインシステム・モデルデザインを作成しました。この計画の基本的な考え方は34頁から36頁に述べています。なお駅構造等の前提は、現在横浜駅で想定されている条件としました。

1 立地条件

① 港中央ターミナル駅は商業施設の集積が進んだ大都市の中心部に位置している。
② 駅の東側には都市計画に基づく大規模再開発が行われている。

2 駅構造条件

① 港中央ターミナル駅は、駅の東西を結ぶ3本の自由通路（北部自由通路・中央自由通路・南部自由通路）と、各自由通路を結ぶ南北連絡通路（地下2階）を駅構造の軸としている。
② 自由通路は、鉄道利用の目的で移動する利用者だけでなく、駅を挟んで街の東西を往来する利用者の通過経路としての役割も持っている。
③ 中央自由通路は地下1階のロア・レベルと地上階のアッパー・レベルから成る。ロア・レベルから東側に上ると駅前広場があり、下って地下2階の地下街（高速道路下部）を抜けると東側の大規模再開発地区に連続している。アッパー・レベルは西側の駅前広場に連続している。ロア・アッパー境界部にはエスカレーター及びエレベーターが設備されている。

3 鉄道の結節状況

① 港中央ターミナル駅には、「JB線」、「品川線」、「渋谷元町線」、「海老名線」、「地下鉄」の5路線が結節している。
② 「JB線」と「品川線」の改札口は中央自由通路に面している。「渋谷元町線」の改札口はロア・アッパー境界部付近からさらに2層下った地下3階にある。「海老名線」の改札口は駅の南端の地上階及び南西側駅ビル内の地上2階にある。「地下鉄」の改札口は駅の南西の道路下の地下3階にある。

4 アクセス交通の結節状況

① アクセス交通施設にはバス、タクシー、シティーエアターミナル、観光船がある。
② 駅の西側には、バスターミナル、タクシーのりばがあり、東側の再開発地区内には、バスターミナル、タクシーのりば、シティーエアターミナル、観光船のりばがある。

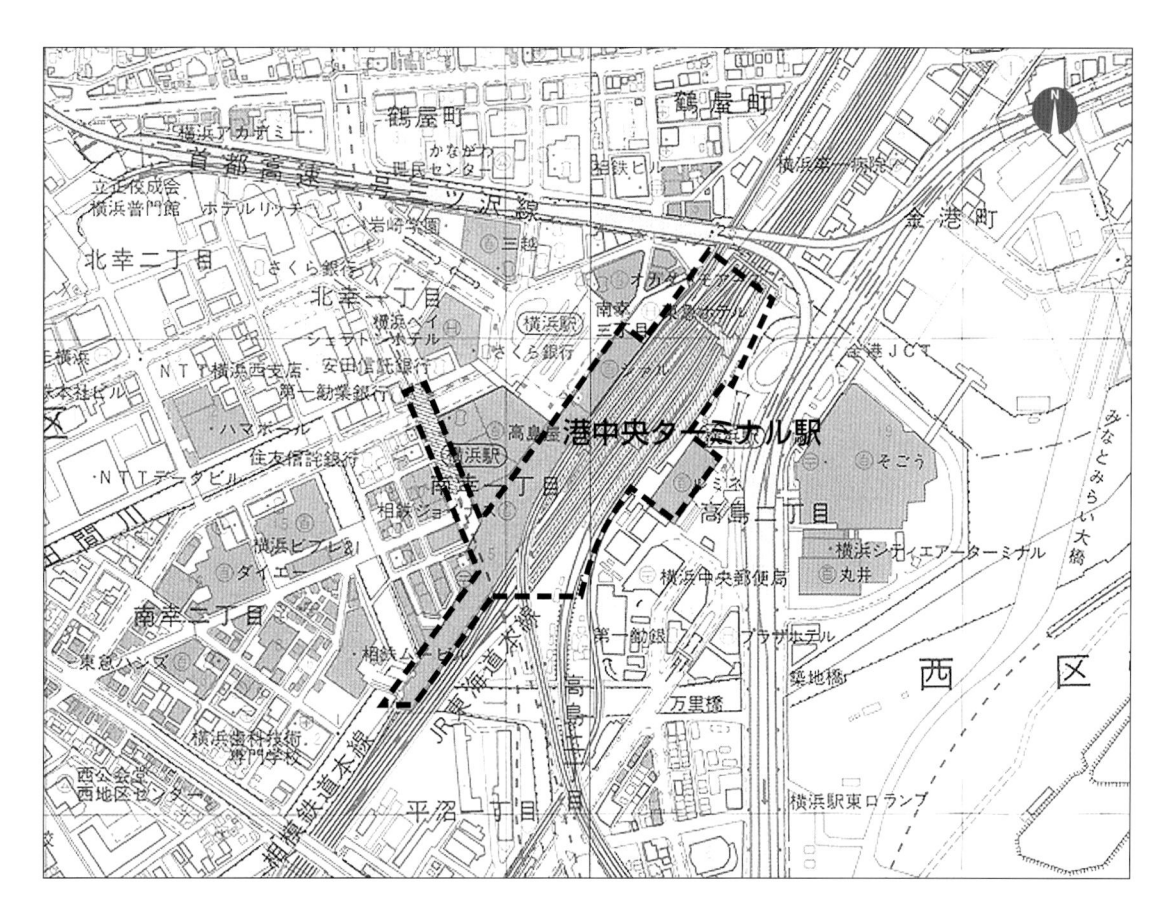

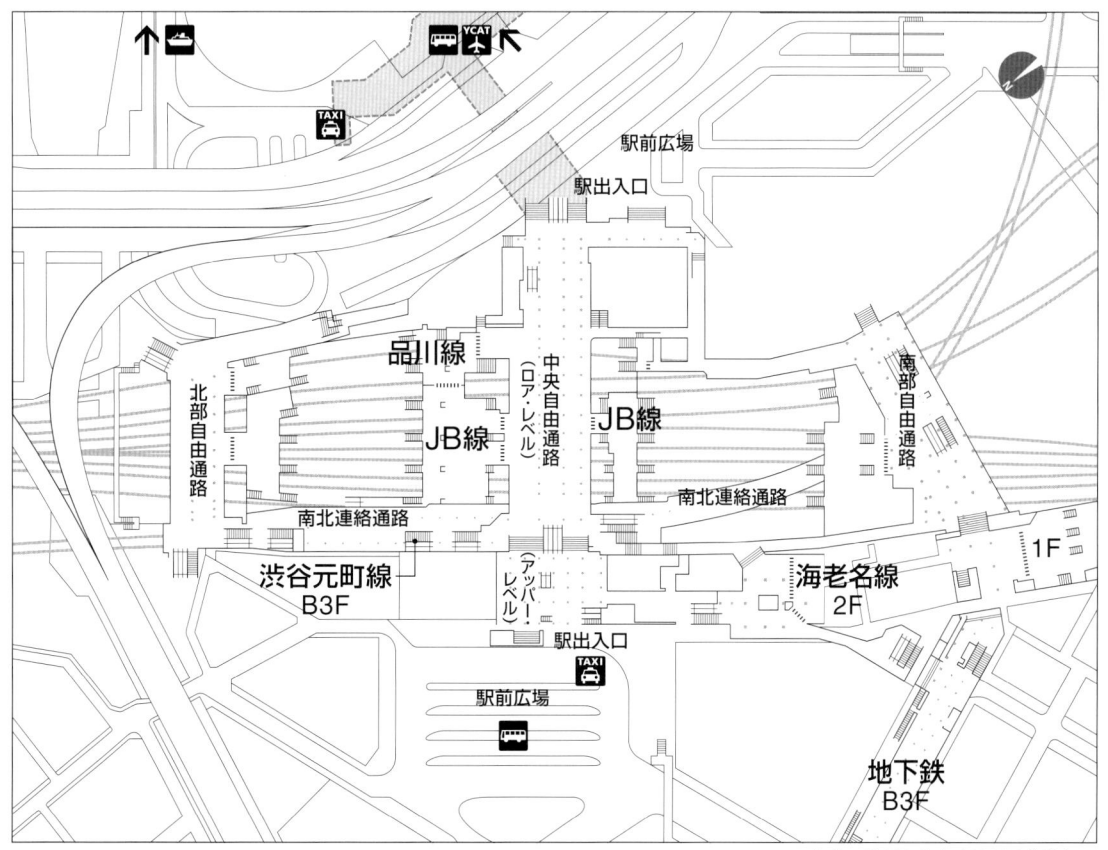

3. ターミナル駅のモデルデザイン

参考：横浜駅構内連絡通路等構想図

3-2 コードプランニング

1］用語

　中央自由通路の両端の駅出口名称を「東口 East Exit」「西口 West Exit」としました。中央自由通路に面している、JB線の2箇所の改札入口名を「中央北改札口 Central North Gates」「中央南改札口 Central South Gates」としました。

　また構内にある案内所は、この地区の有名地への案内を主務とすることから、「観光案内所 Tourist Information」としました。駅の東西にあるバスターミナルは、長年言い古されている用法に従い、それぞれ「東口バスターミナルEast Bus Terminal」「西口バスターミナルWest Bus Terminal」としました。

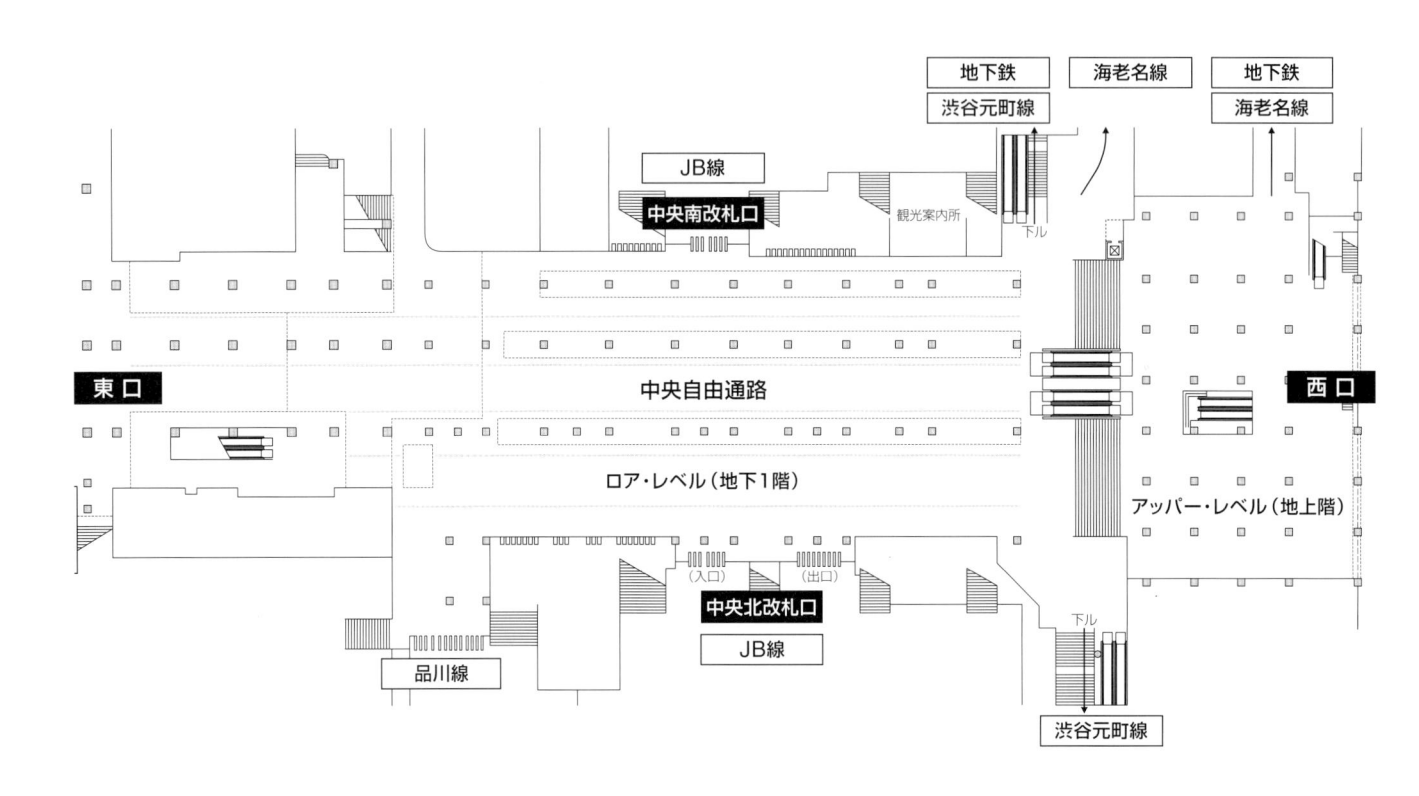

2] 個別サインの種類と表現コード

個別サインの種類と各々の表現コードを、次のように設定しました。

個別サインの名称	表示する表現コード
改札入口誘導標	↑ 🚃 JB線 / JB L.
	↑ 🚃 JB線　渋谷元町線 / JB L.　Shibuya-motomachi L.
	↑ 🚃 JB線　渋谷元町線　海老名線 / JB L.　Shibuya-motomachi L.　Ebina L.
	↑ 🚃 JB線　渋谷元町線　海老名線　品川線 / JB L.　Shibuya-motomachi L.　Ebina L.　Shinagawa L.
	↑ 🚃 JB線　渋谷元町線　海老名線　品川線　地下鉄 / JB L.　Shibuya-motomachi L.　Ebina L.　Shinagawa L.　Subway
駅出口誘導標	↑ 東口 TAXI YCAT 🚢 🚌 東口バスターミナル / East Exit　East Bus Terminal
	↑ 西口 TAXI 🚌 西口バスターミナル / West Exit　West Bus Terminal
駅出口位置標	西口 / West Exit
バスのりば誘導標	↑ 🚌 西口バスターミナル / West Bus Terminal
タクシーのりば誘導標	↑ TAXI
エレベーター経由 改札入口誘導標	↑ 🛗 🚃 海老名線　渋谷元町線　地下鉄 / Ebina L.　Shibuya-motomachi L.　Subway
	↑ 🛗 🚃 JB線　品川線　渋谷元町線 / JB L.　Shinagawa L.　Shibuya-motomachi L.
エレベーター経由 駅出口誘導標	↑ 🛗 西口 TAXI 🚌 西口バスターミナル / West Exit　West Bus Terminal
	↑ 🛗 東口 / East Exit
案内所誘導標	↑ ❓ 観光案内所 / Tourist Information
情報コーナー位置標	ℹ
構内案内図	（省略、I部第2章参照）
駅周辺案内図	（省略、I部第2章参照）

3-3　動線分析と配置計画

　港中央ターミナル駅の中央自由通路の利用者動線分析を右図に、サインシステムの平面配置を下図に示します。
　この通路は独立柱によって三つの細長い単位空間（レーン）に分断されています。独立柱に視界が塞がれてひとつのレーン上から他のレーンにあるサインを見ることはできません。すなわち動線分析図に示したように、主動線はレーンごとにそれぞれ独立している、と判断する必要があります。
　またこのターミナル駅では、コモン情報に限っても表示すべき情報量が極めて多く、1台のサインに並列して全ての情報を表示することができません。このため掲出位置により例えば配置図の⑦⑩の関係のように、必要な情報を前後2台のサインに分割して表示することとしました。この結果、動線分析図の楕円で囲んでいる部分と誘導サインの配置位置は必ずしも一致せず、その間を利用してサインを掲出しています。

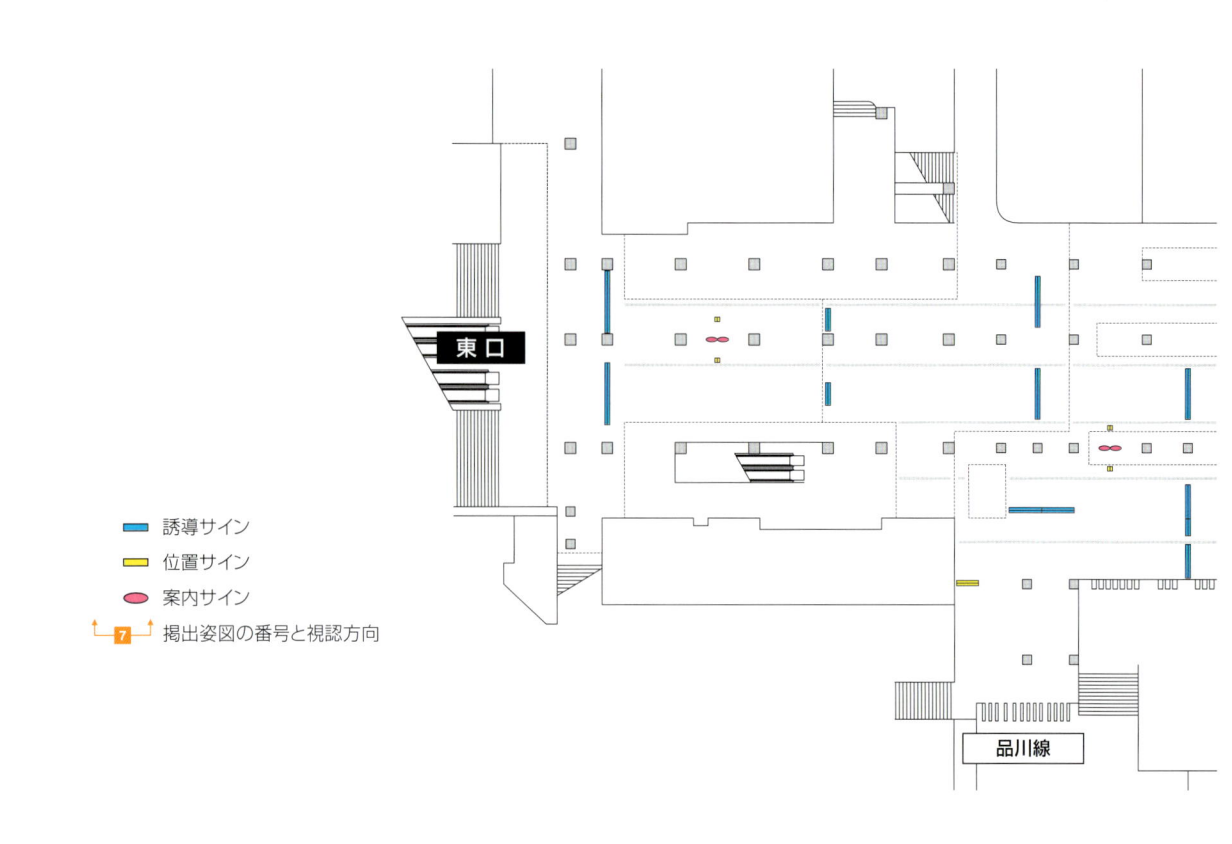

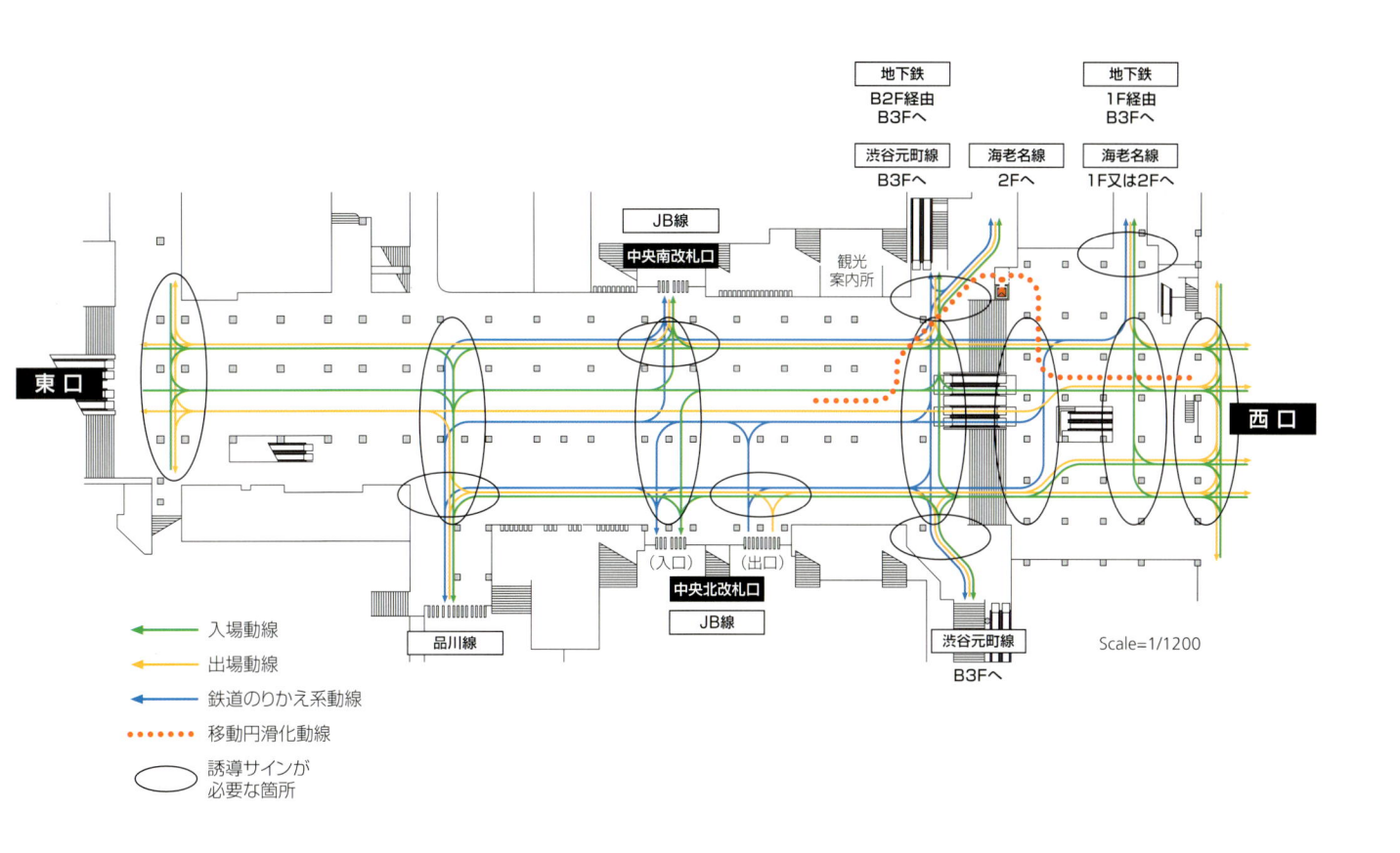

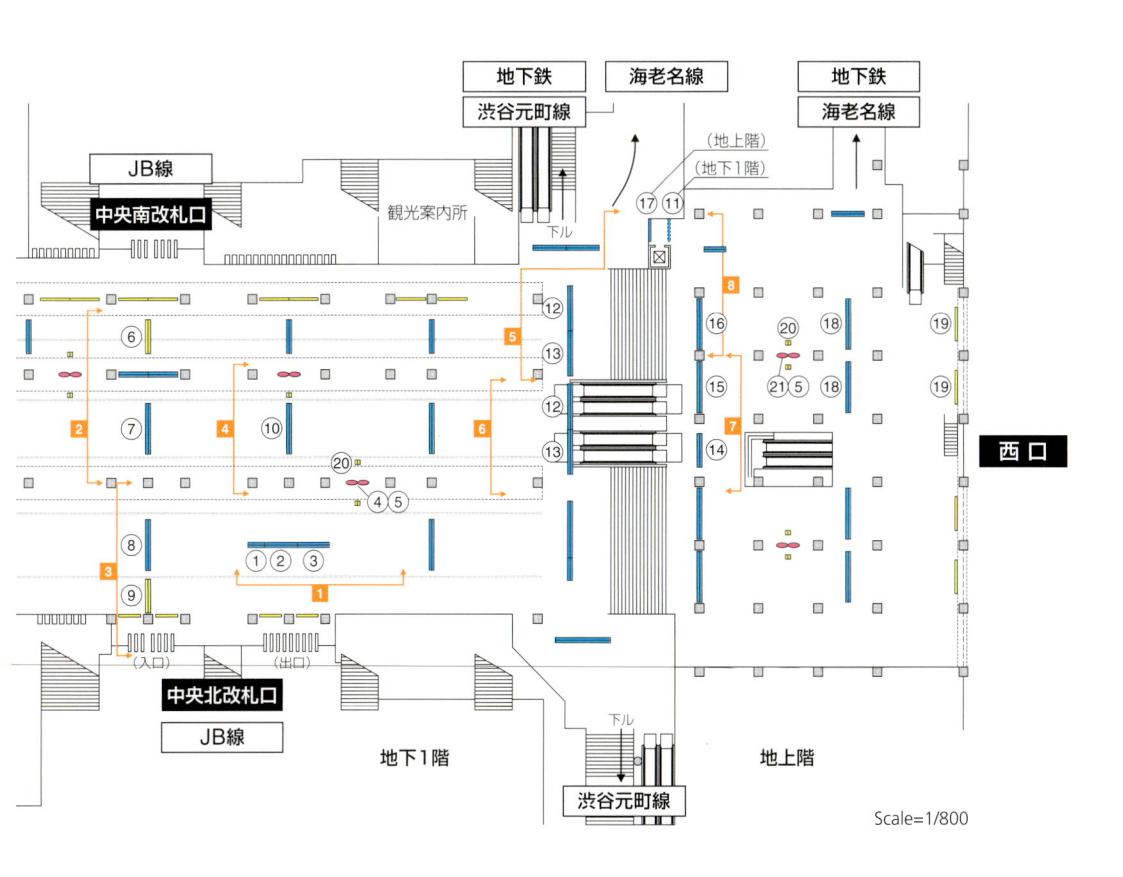

3. ターミナル駅のモデルデザイン

3-4 サインシステムの掲出姿図

■ 基本的な仕様設定

① 自由通路の天井高さは3.0mである。通路の横断方向に現れる独立柱には空調ダクトのための垂れ壁があり、その部分の天井高さは2.5mになっている。
② 吊り下げ型サインの基本的な器具サイズ・モジュール（H×W,mm）は、500×1800、500×3600、500×4800、500×5400とし、掲出高さは2450mmとする。
③ 文字の大きさ基準は、和文文字高120mm、英文文字高90mmとする。サインシステムの配置間隔から判断するとさらに小さな文字も使い得るが、1日あたり200万人規模の利用者数の多さに鑑み、誘目性の高いこのサイズを選択した。
④ コモン・スペースに設置するコモン・サインの表示面のベース色は、入場動線用を紺、出場動線用を黄色、付帯動線用を白とする。
⑤ ローカル・サインには、各々の会社の企業色を活用する。

1］自由通路

1

・ひとつの鉄道の改札口を出た位置に、当該ターミナル駅に結節する全ての鉄道（出てきた鉄道を除く）の改札入口の方向を指示する改札入口誘導標①③と、ターミナル駅出入口の方向を指示する駅出口誘導標②を配置しました。
・また改札口を出たところから見つけやすく、利用者の流動を妨げない位置に、構内案内図④と駅周辺案内図⑤を集約して配置しました。

Scale=1/100

2 3 4

- 自由通路の延長方向から対面視できる位置に、当該ターミナル駅を利用する誰もが必要とするコモン情報を、移動しながら連続的に辿ることができるように、各鉄道改札入口誘導標⑦と、駅出口誘導標＋案内所誘導標⑧⑩を配置しました。
- 特定鉄道のローカル・スペースには、当該鉄道の改札入口位置標⑥⑨を配置しています。
- ⑳は、柱間にある情報コーナーの位置を示す情報コーナー位置標です。

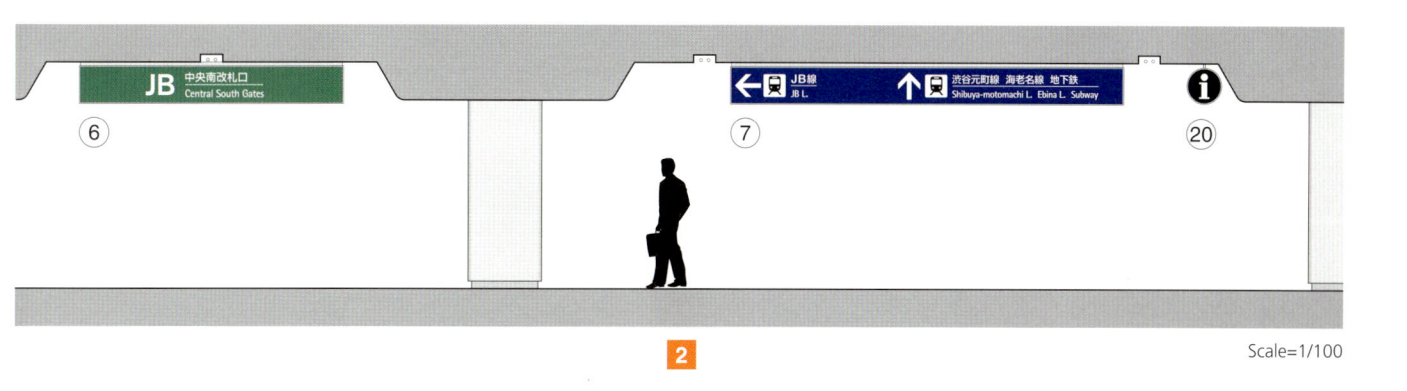

2］階段上り口
5 **6**

- **5** **6** アングル付近の平面図からわかるように、地下1階の自由通路から海老名線、地下鉄、渋谷元町線への入場動線と、エレベーターを利用する動線は、階段を上らず、左手方向に移動する必要があります。この利用者動線に対応するため、エレベーター誘導標+改札入口誘導標⑫を配置しました。

3］階段下り口
7 **8**

- 地上階から地下1階の自由通路方向に移動する階段下り口には、前項と同様な考え方によって、改札入口誘導標+駅出口誘導標⑮、エレベーター経由改札入口誘導標+エレベーター経由駅出口誘導標⑯⑰を配置しました。
- この方面からも案内所の方向を辿れるように、案内所誘導標⑭を配置しました。

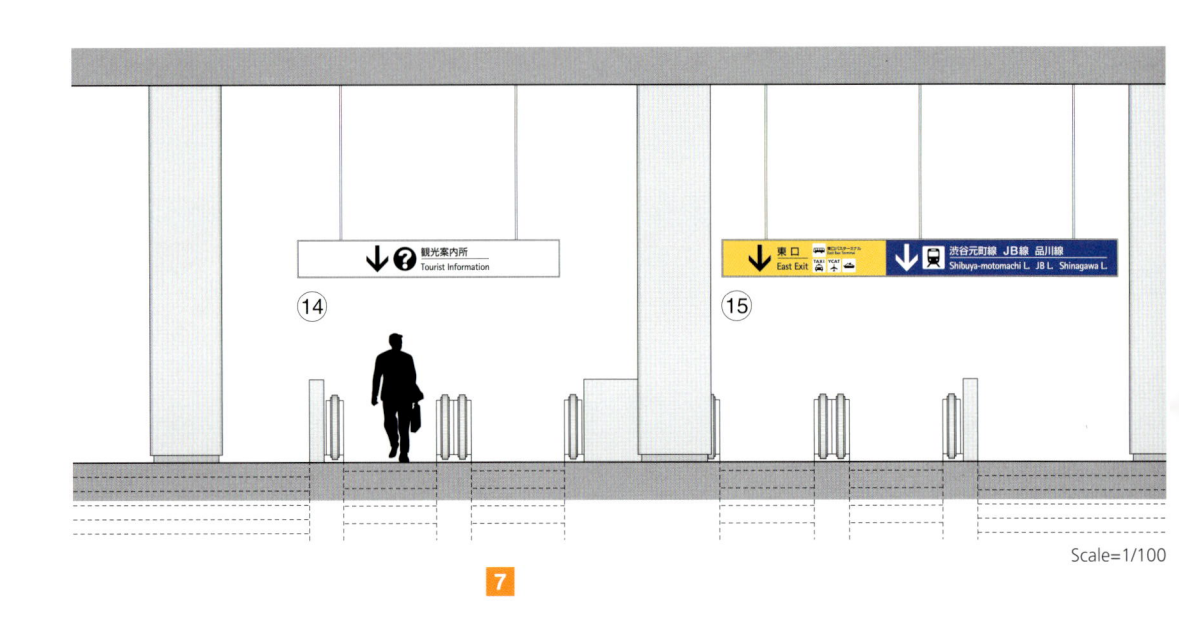

3. ターミナル駅のモデルデザイン

- この位置から西口に至る動線は、基本的にはこの階段、エスカレーターを利用します。一方車いす使用者などエレベーターを経由したい動線も発生するため、階段経由とエレベーター経由を振り分けて誘導する、駅出口誘導標+エレベーター経由駅出口誘導標⑬を配置しました。
- ⑪の誘導標によって、エレベーター利用者は自分の移動すべき階を確認することができます。

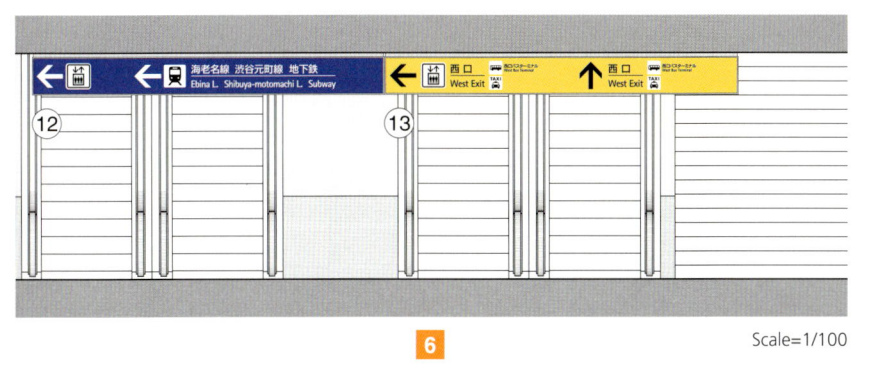

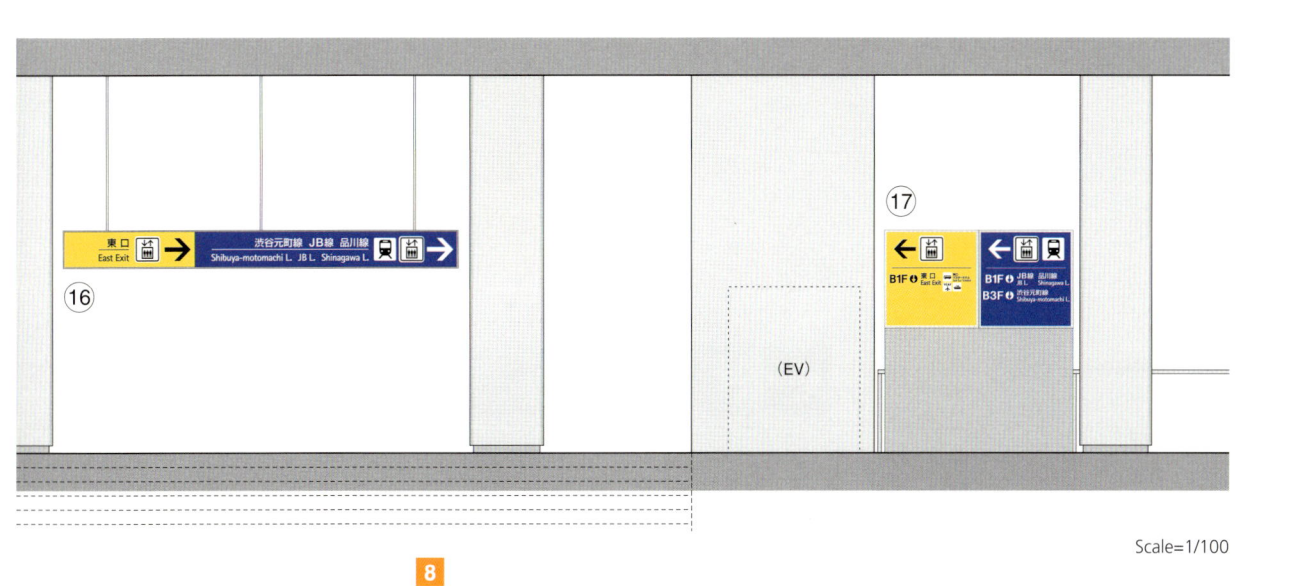

6 Scale=1/100

8 Scale=1/100

3-5 アイテム・リスト

当駅の主要なサイン・アイテムの器具サイズ、グラフィックデザインを以下に一覧で示します。

番号	種別	外形寸法（縦×横）	表示面
①	改札入口誘導標	500×1800	← 品川線 Shinagawa L.
②	駅出口誘導標	500×3600	← 東口 East Exit　西口 West Exit →
③	改札入口誘導標	500×3600	渋谷元町線　海老名線　地下鉄 Shibuya-motomachi L.　Ebina L.　Subway →
⑥	改札入口位置標	500×3600	JB 中央南改札口 Central South Gates
⑦	改札入口誘導標	500×5400	← JB線 JB L.　↑ 渋谷元町線　海老名線　地下鉄 Shibuya-motomachi L.　Ebina L.　Subway
⑧	案内所誘導標 駅出口誘導標	500×5400	↖ 観光案内所 Tourist Information　↑ 西口 West Exit
⑨	改札入口位置標	500×3600	JB 中央北改札口 Central North Gates
⑪	エレベーター経由 駅出口誘導標　エレベーター経由 改札入口誘導標	1300×2600	1F 西口 West Exit　1F 海老名線　地下鉄 Ebina L.　Subway　B3F 渋谷元町線 Shibuya-motomachi L.
⑫	エレベーター誘導標 改札入口誘導標	500×4800	← 　← 海老名線　渋谷元町線　地下鉄 Ebina L.　Shibuya-motomachi L.　Subway
⑬	エレベーター経由 駅出口誘導標　駅出口誘導標	500×4800	← 西口 West Exit　↑ 西口 West Exit

3. ターミナル駅のモデルデザイン

⑭	案内所誘導標	500×3600	↓ ❓ 観光案内所 Tourist Information
⑮	駅出口誘導標 改札入口誘導標	500×5400	↓ 東口 East Exit ／ ↓ 渋谷元町線　JB線　品川線 Shibuya-motomachi L.　JB L.　Shinagawa L.
⑯	エレベーター経由 駅出口誘導標 エレベーター経由 改札入口誘導標	500×5400	東口 East Exit ↑→ ／ 渋谷元町線　JB線　品川線 Shibuya-motomachi L.　JB L.　Shinagawa L. ↑→
⑰	エレベーター経由 駅出口誘導標 エレベーター経由 改札入口誘導標	1300×2600	← ↑ B1F 東口 East Exit ／ ← ↑ B1F JB線 品川線　JB L. Shinagawa L.　B3F 渋谷元町線 Shibuya-motomachi L.
⑱	改札入口誘導標 駅出口誘導標	500×5400	← 海老名線　地下鉄 Ebina L.　Subway ／ ↑ 西口 West Exit
⑲	駅出口位置標 バスのりば誘導標 タクシーのりば誘導標	500×3600	← TAXI　西口 West Exit　西口バスターミナル West Bus Terminal →
⑳	情報コーナー位置標	480φ	ℹ
㉑	入場動線用 構内案内図	1500×1500	（構内案内図）注）この図は表示すべき要素を示していて、グラフィックデザインを完成するために、さらに検討を要する。

151

公共交通機関旅客施設のサインシステムガイドブック

2002年11月10日　第1版第1刷発行
2007年6月29日　第1版第3刷発行

監修　国土交通省総合政策局交通消費者行政課
編集　公共交通機関旅客施設のサインシステムガイドブック編集委員会
発行　交通エコロジー・モビリティ財団
　　　東京都千代田区麹町5-7秀和紀尾井町TBRビル808
　　　〒102-0083　Tel. 03-3221-6673
　　　http://www.ecomo.or.jp/
発売　株式会社大成出版社
　　　東京都世田谷区羽根木1-7-11
　　　〒156-0042　Tel. 03-3321-4131
　　　http://www.taisei-shuppan.co.jp/

©2002　交通エコロジー・モビリティ財団

落丁・乱丁はお取り替えいたします
ISBN978-4-8028-6436-7